LES ANTHOLOGIES POÉTIQUES DE LA PIBOLE

Collection créée par Jean GOUEZEC

Directeur littéraire : Jean BRETON

DU MÊME AUTEUR

POÉSIE

Chute et parfums, avec douze gravures sur bois en couleurs d'Alix HAXTHAUSEN (Paris, éditions G.D., 1977).

Tout est en ordre, sûrement (Le Méridien, 1979).

CRITIQUE

Les poètes et le Diable, anthologie sur la nouvelle poésie française, Revue Poésie 1, n° 74, Editions Saint-Germain-des-Prés, 1980.

Anthologies Poétiques

La vraie jeune poésie

par Alain Breton

Editions La Pibole - Jean Gouézec

Couverture originale en couleurs de Jean-Marie Vives

ISSN : 0224-8786
ISBN : 2-86417-011-6

PRÉFACE

On écrit aujourd'hui de plus en plus vite, pour tout dire, par urgence, par hasard parfois, pour éternuer au confort, pour conjurer nos lenteurs abruties de culture, pour conjuguer les tares et les conflits d'une civilisation malade. Poème-guitare de bonne carrure, tu n'es plus tout à fait le produit d'une élite. Informaticien, ouvrier, curé parfois, le jeune poète — même s'il est encore trop souvent enseignant — n'appartient pas *uniquement* aux seules classes privilégiées. Dès lors, la poésie devient l'expression d'un doute — sur soi et sur les autres — et non la vocation, presque professionnelle, d'une certitude voire d'un catéchisme de la hauteur. Nul ne s'arroge plus le droit de donner à suçoter l'os de culture aux fâcheux, aux vilains, aux tièdes, à des squelettes d'âme. Curieuse matrice de nos brûlots intimes comme dépositaire de nos espoirs en une vie plus juste, la poésie est lue et pratiquée, improvisée par tous dans un fatras d'identités, pour une véritable insurrection dans le prolongement de la découverte de l'écriture moderne par Rimbaud.

A la hauteur de l'époque où violences, séismes intellectuels, modes initiatiques et catastrophes humaines unissent leur douleur vite réglée et programment la sensibilité, les jeunes poètes*, dans leur constat d'écorchés, de *fabuleux* ou de travailleurs occultes, n'oblitèrent plus le travail parfois infâme du corps, nos petits drames, nos clins d'œil mesquins, nos arrêts sur l'apocalypse du monde.

Chacun participe aux agapes du petit quotidien. Dénoncer les vices, les tabous, le béton, le travail à la chaîne, les discriminations et les racismes officialisés est déjà (on pourrait dire : enfin !) le fait de nos poètes qui préfèrent toutefois au slogan batailleur de tonitruants raccourcis sur le chemin des choses, cœur arrêté.

Car la poésie « jeune » n'est pas, avant tout, une machine de combat : dégustation, sublimation vont et viennent avec la conscience que le poète a de ses émotions ; travailleur sous hypnose, celui-ci crie le droit à *son* erreur, fait des coupages — après les surréalistes — comme de bon vin. Et, avant tout, le poème réclame. Il est hardi, plein, musclé. Poésie ? Poème-boomerang. A quand la pratique éducative de ses incantations ?

Pour coller à son époque le jeune poète ne professe pas de morale (au sens social s'entend) juteuse ou pas et sortirait-elle d'une misère au sprint. Son butin rejette l'idée *a priori*, ainsi que la profondeur du message qu'il est appelé à transmettre. Le regard d'abord braqué sur soi il se couche en joue, fixe son vide, palpe sa mémoire, fige des arrêts-réflexes devant (ou contre) le monde, s'étonne toujours — non sans avoir pratiqué *judicieusement* les autres poètes, ses frères surpris.

Il ne naît pas poète. Il le devient, souvent malgré lui, par des poèmes du tac au tac, pour tenter des diversions, multiplier les vertiges ou tout simplement se cramponner, mais aussi grâce à la montée progressive de ses culture et chocs personnels (expérience et émotions arrachées à coups de dents, joies et tics battant la breloque, micmacs de la chique vitale) contenus, bridés dans une substance qui sort de lui mais qui vient toujours un peu des autres. En fin de compte, le poème comme le poète grandit, acquiert maîtrise et nerfs, un style avec palpitations.

Sans doute notre poète doit mordre sans fin, par un enfer obligé. Seul au monde (il s'est fait à cette « fatalité ») il pioche dans son amertume la lie qui participe à la genèse de son poème. Ce à quoi s'emploie depuis longtemps le poète de la ville et marcheur Yves Martin, un des seuls aînés qui aurait pu figurer dans cette anthologie : « Nous sommes quelques chiens à vouloir tout avaler ». Une violence qui niche au creuset du poème, un refus primitif à défaut de quoi le poète ne peut faire jouer cette barbarie qui doit, à l'état brut, alimenter son texte. Ensuite, sus aux rejets, à la misère, aux frictions qui tonnent ; son champ d'investigations est si vaste !

Tendus vers un objectif dont la finalité leur demeure indistincte (ce n'est ni pour l'argent ni même pour la gloire, le poème), les jeunes poètes mêlent inquiétudes du siècle et étranges sublimations. En deçà toute littérature superflue, les stoppe la fusée des sens : la vie.

Ainsi les poèmes présentés ne glosent pas sur un monde idyllique que sans doute nous ne connaîtrons jamais. Poèmes jetés, poèmes choisis pour être lus puis dispersés, graffiti qui émerge, mot-suspense « bricolé », ces suites de fragments disent leur amour, leur trac, leurs complots, le bonheur, parfois, en un bond d'Eden. Il faudrait pouvoir s'arrêter sur chacun, insinuer chaque flou, chaque torture dont, avec art, ils se risquent à nous grignoter ; il faudrait pouvoir les *avaler* tous.

Souvent traités courts et donc assez proches du télégramme, ces textes sont chargés de codes, de clés, de sens. Chez Giovannoni, Cerbelaud et parfois Messagier, lyrisme, mysticisme, recherches foudroyantes lèvent leurs voiles, essaient en hâte un au-delà à la portée de tous. Sûrement, le poème bref, presqu'en sentence, est de coutume aujourd'hui. On a lu Char, Artaud, Saint-John Perse. Surtout : on veut se faire comprendre, et vite, par une formule « kidnappée », avec souvent de sacrées nuances d'humour. Certains aussi n'appuient pas, par timidité, par gaucherie sensible et séduisante, tel Monate qui interroge avec des visées sociales, ou par pur souci d'esthète : c'est le cas pour Castex-Menier, Messagier encore. Certains poètes, parmi les plus *physiques*, prennent le risque du plus long poème. Il s'agit du merveilleux Amée qui s'amuse à frictionner nos légendes, de Breavman, d'Imaziten, avec beaucoup de luxuriance baroque, de Delbourg dont le désespoir glacé perce sous le flash-inventaire. Mais ces « champions » du texte long le délivrent sans forcer, naturellement, avec souffle et envie, bonne mine.

D'autres poètes pratiquent fort bien la narration dans l'utilisation qu'ils font du poème moyen, dévalé sur 5 à 15 lignes : le souci de l'abstraction habite beaucoup le tendre Debenedetti ; Anne Berger, obsédée par le couple, lance des appels sensuels où la mer est très présente, signaux auxquels fait d'ailleurs écho Castex-Menier, avec une colère originale ; les intimistes Amon — dont la grande authenticité sait déranger — et Rambour manquent l'amour ; Morlot, un peu hagard, et Morel, toujours sur la brèche (pour une vie meilleure, une société qui aurait rendu ses outils), savent préparer le romantisme de Chourry, la plus naïve peut-être du groupe ; Lhostis qui procède par resserrements « sous la peau » devant son corps qui bouge, et Martine Callu, à la force presque virile (ses images sexuées dans une sarabande) sont à rapprocher, ainsi que Dannemark et Martinez qui se ruent par déboulés, dans l'œil du temps ; Marie-Anne Duc, qui cabre ses entrailles — pour quel enjeu hors de son corps ? — et Fureau, comme un ordinateur échevelé en crise de croissance, se rejoignent souvent.

La loi de l'amour-couteau, l'obsession des média — comme une psychose provoquée par la non-possibilité de la communication — la déminéralisation d'un esprit mordu par la drogue, éclatent comme un témoignage ininterrompu dans une logorrhée chez Sophie Podolski, morte à dix-sept ans. Van Der Vreken en une fougue hallucinée et triste agit *du dedans* ; Maulpoix sait l'exigence du rêve qui se retient et se murmure ; Chantal Mignot, très dépouillée et active, l'exacerbé et si sobre Noiret, Pobel qui compose « juste » et Donovan en adolescent-gouailleur sont à l'opposé d'un Schlurick et de ses soifs cannibaliques.

Nous apprécions chez Damian une sensibilité encore très proche de l'enfance mais au coude à coude avec la folie ; Jean-Louis Vincensini fait ruisseler le quotidien à petites doses d'émotions très vraies, de même que Chabiron, au réel désorbité ; Colette Klein préfère plutôt décrypter des symboles anxieux ; Siméon est plein de vigueurs fluides, et Pudlowski va longer la ville, en utilisant surtout une simplicité qui le rend très émouvant ; il faut goûter l'art perfectionniste de Nuel, la facilité du surréaliste Destrem, découvrir Benhamza dans son exotisme précieux et fraternel ; il faut se réjouir de la féminité exaltée de Florence Ruffin, de la dérision chez Arnaudet, des mots d'ordre lancés au soleil d'un Tibouchi.

Oui, nous pensons qu'en effet le terrain est bien préparé pour de futures anthologies. Ces poètes auront alors 40 ans, 60 ans et sans doute seront-ils assez loin de leurs premiers pas qui exigent. L'époque surtout sera différente avec de nouveaux tempos, des frous-frous débutants — ou de survie avant un recommencement de fin du monde ? Qu'importe. De toute façon, atomique ou pas, à coups de griffes ou au laser, la poésie occupera toujours les plages, portées au rouge, de l'être, momifiant nos rides et stupéfiant nos rages à l'affût.

Ce qui prime maintenant est cet élan vital, jubilatoire que poétiquement ils peuvent nous distiller : 50 univers craquants et bourrés de bon sang à déguster sans attendre.

Ils rusent souvent. Ils font notre joie.

Ce sont nos *familiers*.

Poètes rien ?

Alain BRETON

* *Tous les poètes présentés étaient âgés de moins de trente ans au moment de la rédaction de ce texte, en décembre 1978. Cette limite d'âge marque la différence entre les vrais jeunes poètes et des aînés dont on pourrait croire, à tort, qu'ils sont les mêmes. Pour éclairages plus complets, se reporter à la bio-bibliographie de chaque auteur en fin de volume. De leur côté, les poètes ont bien voulu répondre à ces deux questions :*
— vos obsessions actuellement ?
— les poètes qui font votre joie ?

Jacques-Pierre AMÉE

TAI TANH

Les arbres
s'arrêtent, fluxion sondée fatale — et on collecte un peu
de ciel
pour les blessés que le temps pousse au pied des mots —
Mon poème
est un crime parmi d'autres
dans la rubrique politique d'un quotidien quelconque — mon
poème
est un lit dont détale un couple de fantômes
aux buissons de mer entre les cuisses — phalanges de
pêcheurs—
leur planète comme l'œil mité d'un accordéoniste.
On avance un fauteuil, taillé comme la mort,
gencives de vin, qui profère le silence, qui renfloue
la vérité. (C'est ton dernier souhait ?
— Fais comme tu veux,
C'est pour l'amour)
Tout est vrai.
Mon visage
s'enroule autour d'une lampe
celle qu'on plante près des morts
lorsqu'on écope un dernier rire
Je n'écrirai plus que sur une fiche d'hôtel
Je n'écrirai plus que sur buée dans un rapide
Je n'écrirai plus que sur le flanc d'une valise
Je n'écrirai plus que dans les petites annonces
Je n'écrirai plus que sur une feuille de température
Je n'écrirai plus que sur la coque d'un cargo
Je n'écrirai plus que pour
les sept ans de Taï Tanh
Les arbres
forcés, se projettent par saccades — une embolie d'étoiles —

Un peu de temps a passé
Assez Bu Couru Parlé
Assez Joué.

(*Hébuternes*)

SANCHO PENSE A SA MORT

Pendant qu'on a le temps
il faut avoir peloté un vieux chien
il faut avoir attrapé un couteau à l'estomac
il faut s'être embarqué à minuit pour un jardin de goudron
où les filles se fêlent à leurs bouches toucheau
il faut avoir été crucifié sur un arbre homosexuel émotif actif
pour avoir fumé seul de la barbe de Prophète
et l'Ombre s'expectore d'attouchements
il faut avoir pris une route perdue chiquée par de vieux marabouts
son passé sous le bras plié dans un journal
pour le brûler avec les débris d'une danseuse de Shangaï
et le disperser sur le Gange, flegme et cigare au
bec,
on est pas mal ici
il faut avoir été un écrivain célèbre — à l'index
décalant les cuisses platinées d'une vamp
ou définitivement fiché à travers crânes jivaros
Pendant qu'on a le temps — continue
il faut avoir tué un soir au cinéma
un chat sauvage incapable de s'ôter
il faut être amoureux d'on ne sait qui
de quelque falaise écoutée par ta mère avec toi
je ne peux pas, d'une fille assise qui boit
mon sang

il faut avoir cru qu'un moulin à vent
était un bot cavalier qui venait de mourir
il faut avoir enfoui la poésie dans le sable d'un oued
il faut s'être écroulé ivre-mort au milieu de l'océan
il faut avoir porté une ceinture d'or pendant douze ans
rêvant que c'était le bras d'une sœur de Notre-Dame de Vie
il faut avoir changé le vin en plomb pour que la tête vous tourne
et que vous la perdiez un jour d'émeute au coin d'une rue
il faut même avoir marché sur les eaux avec une carte de presse
pour éviter tout incident
il faut avoir fait le monde en se consacrant au dernier spasme
d'une carcasse d'avion, dans un groupe d'oiseaux avec flèches de cathédrale
il faut être effrayé par le rictus toltèque de la lune pour Savoie
quelle halte entre les temps.

(*Hébuternes*)

POUR EN FINIR

La pluie fanée sur les épaules
(trouver que le ciel est un drapeau moisi dans une vieille malle)
j'oublierai tout si je le veux
la plage que les femmes du bas-quartier
ravaudent sans arrêt du mauvais sang
coule des toits Un oiseau chaud dans chaque poche
ma bouche à mouches sous cellophane
il paraît que c'est un poème

un poing levé haut dans le ciel — rayons obscurs
un mort-vivant par alvéole — roulis de farine
rétractant les sarments, hippochrist
et les arbres crépitent — flammes en mohair —
Pour en finir
Pour en finir, je vais en Alabâme
les chemins creux ne manquent pas
les trains que la nuit jette
comme autant d'allumettes sur le dos des collines
la pluie fanée sur les épaules
un ciel en chai — *nez* d'éboulis de créatures
les enfants ne me regardent pas
Oui Non non non non
Non. Je suis Pancho Villa.
Pour en finir.

(*Hébuternes*)

CARTOUCHE

Demain journée du sang dans votre ville
le vent qui revient de la mort en sifflant
d'un bout à l'autre du campus, un masque
d'indien Winnipeg, mâle (came ou flache) nu
tant mon Hermès de mil...
demain journée du sang dans votre ville
quoi vous dire un ange en oripeaux m'ensaigne
est-ce de mes bras, l'escogriffe extrait du lit s'arrête au mur
et pisse là comme une autruche et devient plâtre et salpêtre
je t'emmène au tribunal de Mésopotamie où
l'Eléphant Palissy
sodomise la poésie ! Suis-moi ! debout !

paysage septembre noir
de prostituées aux jambes d'érable
légèrement écartées
du poète kazakh salaud le peuple aura ta peau
qui ronéote à l'arrêt de bus des tracts de Kafka Shiva
les cris d'une femme qui accouche et le cul mauve du petit
c'est un siège, madame, morphine-base et gomina,
du calme du calme
tout se passerait comme d'habitude une sorte de pèlerinage
une manif un soir
où les façades en écheveau qui se tresse, mortelles,
craquent de foutre
où les chiens de carte harnachent les passants
bel oiseau d'herbe au poing
où des Tupamaros essuient leur sang blond cendré
sur des banderoles de pierre et d'arbre
demain journée du cinéma dans votre ville
Jeanne Avril est solitaire je l'attends à la sortie
nous irons au bois voir si nous pouvons nous enraciner
Héloïse L'Or-Loup s'est suicidée
pour avoir l'impression que son rêve était une liane au Pot-au-noir
une veine coupée qui fuit doucement comme une chanson
quant à Sarah, elle vacille sur les toits
pour accrocher à la lune des tiges d'encens
j'approche une chaise et je m'assois en face d'elle
et je lui tiens les mains et sa tête est
sur mon épaule et son ventre est mon ventre
j'en ai déjà vu des morts
une dernière cigarette
merci.

(*Hébuternes*, Saint-Germain-des-Prés)

Ghislaine AMON

Seule avec les objets, je cogne contre eux, même si je le souhaite, il m'est impossible de les contourner. Peut-on faire semblant d'oublier d'où l'on vient ? Je retourne à des milliards d'espaces et le plus loin où je remonte : c'est contre une paroi de mon ventre. Je ne peux même pas revoir à l'intérieur de celui de ma mère et tout se bloque. Les rainures du plancher s'effacent. J'appelle, j'appelle, je rétrécis les mots.

(*Le Petit Vélo beige*)

A douze ans j'ai eu du sang. Mon oncle sentant le sexe prochain me souleva les jupes. Un sein plus gosse que l'autre. Pas de doute. Vous aviez enfanté une mère. Comme putain perverse, on n'avait pas fait mieux avec mes yeux noirs et la mode aux jupes des genoux. Maman sentant papa bander qui se sentait bander gueulait. Pourtant j'avais un cœur d'enfante qui n'a pas eu d'enfance comme sont à treize ans les petites qui jouent encore à la poupée. J'ai même fabulé l'empire-state building en bas duquel passait tranquillement Monsieur Robespierre de Mokarex lequel faisait sa cour à Brigitte Bardot. Je battais la vie à coups de crayons de couleur. On a beau dire. Tant qu'on n'a pas vu le métro, aux heures d'affluence, le corps est grand.

(*Le Petit Vélo beige*)

Les graviers de la cour. J'entends le cri d'une folle qui m'attrape pour m'empêcher de faire, là, dans un petit coin de la cour. Moi qui ne peux me retenir de rire ou de pisser avant de rentrer à la maison les yeux brodés à l'intérieur de ma tête : tu laves le petit frère tout entier dans l'évier, tu joues avec ta langue de son sexe ridicule, petit, qui flotte en pénétration lente dans le trou de la serrure, avant que je puisse ouvrir la porte. Non, ce n'est pas la peine de m'accueillir. Sans rien comprendre, je laisse venir la mort, ce surplus de transpiration finira bien par s'évaporer.

(*Le Petit Vélo beige*)

Dehors le bruit reste le même, je ne vais jamais rien comprendre à ces mains qui me tordent les lèvres en bas. Un tournevis. Garrottée dedans, j'étouffe. Un piano frappe dangereusement entre les lèvres et je croise les jambes pour refuser cette blessure immédiate qui laisse couler un lait blanc mêlé de transpiration. Je fixe des yeux et construis des couloirs pour essayer de me faufiler dans des gorges avec la langue la plus longue possible. Mais. En tirant. Tellement l'envie de me vomir. Mes yeux regardent vers ma glotte. Déglutir. Laisser aller. Couler et annuler le sang. Ma main sur ta joue ne peut plus rien. Crever les espaces triangulaires, me retrouver chauffée au fer rouge et me souder quelque part, quelque part. La surface de la vitre. La surface d'un corps. On vient dedans.

(*Le Petit Vélo beige*, éditions de l'Athanor)

Le monde me paraît tenir seulement derrière une fenêtre. N'importe laquelle. Tout ce qui se passe derrière, de l'autre côté vient à modifier le penchant intérieur. C'est chaque fois une espérance totale et une profonde désolation. Tout-à-coup les êtres sont petits ou immenses façonnés selon qu'on les regarde. Je suis loupe, je suis vide, je suis ce qui vit aujourd'hui et tout aussi impalpable que si je n'avais jamais existé.

C'étaient des champs derrière d'autres fenêtres d'où je n'entendais qu'un souffle étrange qui semblait me rassurer, me disant que tout cela était de moi aussi. Serait-il à peine faux de dire qu'on voit tout de sa fenêtre ?

(*Inédit*)

Didier ARNAUDET

1

qu'est-ce qui se passe ?
gorge se balance (s'applique à du papier)
introduction d'une arme ou coupe-papier
pour établir la prise de possession

2

l'équilibre produit l'insuffisance
(rapport de cause à effet)
glissement horizontal : mais l'œil n'est pas un centre
et la faille est ailleurs

3

hors du cadre
(elle) a quelque chose
qui casse l'œil au large
(grand désordre) langue bien rouge
en poste dans l'arrière-province

4

paysage efficace quand craque le cartilage
dans l'illusion du raccourci
moirages du tissu par taches
dialogues embués
sous la peau battante

5

se renouvelle par son plan profond
qui se vide à l'extérieur du corps
par un canal plus ou moins long

6

tout ça tremblant comme des feuillées au milieu du vent
au détour d'un jour froid
qui se justifie essentiellement

par son angle d'attaque ouvert
à l'encontre de ce qui a
le sang vif

7

(coquille d'œil figure de production)

8

se prend en masse
(en milieu alcalin)

9

blanc d'œuf cru
idée d'une brisure due à un poids
« et même l'ombre se fragmente »

10

siège d'une perturbation invisible

11

œil clair comme le sel (l'inscrire dans l'espace)

12

lève bec
sans option prise
(marge plus ou moins étendue de variations)

13

observer avec précision
les itinéraires suivis
en déduire la topographie exacte

(*Till l'espiègle éclaté,* éditions Millas-Martin)

Abderrhaman BENHAMZA

1

La main de chair qui tremble de mots
La main qui veut écrire par jets de lune
C'est ta main retrouvée de liberté

Les jardins tombés y retournent vivre
Le temps des promenades sans âge
Et retrouver l'eau qu'ils aiment

(*Lumières fragiles*)

5

Il y a des rues qui n'ont plus de passants
Et qui sont seules avec les trottoirs
Chaque jour qui passe y laisse sa poussière
Le vent y fait remuer le temps
— Qui n'est plus le temps

Que n'y viens-tu mon âme
Sans robe et sans miroir
Apprendre la solitude des pierres ?

(*Lumières fragiles*)

8

Les gares les ports
Qui ne voyagent pas
Mènent loin
Plus loin qu'un poème
A travers la tête d'une jeune fille

Mais sur les grandes routes
Les mots les paysages périssent
Et il ne reste plus qu'un bruit sauvage
Des zones d'argile traversées

(*Lumières fragiles*)

10

Par des routes de légende
Je suis allé au royaume où l'amour
Est un grand iris bleu
Et à quelque ombre de fable
J'ai animé de mes doigts délivrés
Ce clavier des choses éternelles

(*Lumières fragiles*)

15

Comme des saules que l'eau a perdus
Par la faiblesse de leur âge
Je vais fleur de boue

Chercher ton paysage qui fait mal
Je vais au sol par des chemins ternis
Comme la vague sur les sables confus
J'ai mémoire d'une demeure innocente
Apprenez jeunes songes ma folie

(*Lumières fragiles,* Saint-Germain-des-Prés)

Ramasse sur la page des sables
Ces coquilles claires comme des mots
— Le vent est un rabat-joie
— Elles portent en elles le fruit de toutes
Ces eaux follement agitées
Et réunis-les d'une main amoureuse
Dans un collier d'énigmes, qui brille
Autour du cou de la femme de tes mirages

(*Inédit*)

Anne BERGER

fêlé le courant
pris
dans l'écluse
de mes bras

les rives échangées
nous retardons
l'amour
d'une étreinte
sous-marine

(*Mon corps à deux*)

AUBE

tu nais
et nais
par miracles

un avenir d'histoire
coule de l'étreinte

sève
mythe arborescent

tu es l'unique saison liquide

(*Mon corps à deux*)

---

nous désertons
la chair

pour une chair initiale

(*Mon corps à deux*)

LE REGARD TRAVERSÉ

à l'envers de tes yeux
se dressent mes images

migrations blanches
invasions d'insectes complices

le regard traversé
nous nous envahissons

(*Mon corps à deux*)

Alban BREAVMAN

Temps de l'audio-visuel je suis né avant toi
avant les hommes devant la télérêvons
un vendredi soir ou un jour d'entrée triomphale dans
le vagin de l'imagination
regarde mais regarde !
ils se touchent les lèvres et leurs pubis respirent la joie
eux
ceux qui se cassent en éboulis de mots/les mal-bétonnés.
Le baiser transmet la semence
dans la nuit il lui a lu ses derniers poèmes
dernières amulettes
pour se retenir de la guetter en train de lire il a empoigné
la guitare électrique
et pour faire quelque chose en attendant le verdict il a
chanté « On the Beach » en trépignant de la jambe droite
l'ampoule au plafond pour seule énergie
pour seuls haut-parleurs.
Le désespoir se grise de baisers dans le ventre
l'énergie sexuelle envoûte la parole
les bouches des femmes ruissellent de mélodies quotidiennes
leurs voix émettent des radiations irrésistibles
encore 10 000 ans et leurs vulves auront effacé les plaies
hideuses de la guérilla sexuelle avec ses milliards de morts
inutiles.
Aujourd'hui le vieux piano éthylique ne sait plus chanter
tuméfié et béant celui qui n'a pas de bâillon
seules la Loi, la Religion, la Morale parlent de bonté
Homme et Femme de la planète Terre, pauvre meute
inoxydable,
des geysers de rythme et de foutre viennent se fracasser
contre ton ventre impeccablement sanglé dans l'uniforme
des flamboyantes années de totems
tu vas faire à ton ventre quelque chose d'illégal :
tu vas t'en servir
Remonte les fleuves de calins et de lait chaud de tes rêves

d'enfant terrorisé à l'idée qu'on t'« enfonce » comme promis
un bouchon dans le trou entre tes cuisses ou qu'on te
saucissonne le pénis si tu te touches
Retrouve l'âme des saumons
que ton ventre et les terminaisons nerveuses de ton cerveau
supersonique deviennent
congas, piano acoustique, harmonica, guitare basse, bongos,
flûte, batterie, orgue, guitares électriques, harpe juive,
guitare espagnole, synthétiseur polyphonique, maracas,
cithare, mellotron, violon, saxophone, percussions
« Ton corps fait 6 000 watts branchés sur le générateur
sensuel »
— « Oui, et mes yeux sont directement reliés aux torrents
qui irriguent le grand canyon sous mon slip
j'ouvre tout quand je lis tes poèmes, fais-moi l'amour ! »

(Terribles je t'aime)

---

3. quai du Woerthel : José « Chepito » Area

. . . .

Des pancartes, des prospectus, des directions
des affiches dans des langues inconnues.
Dans la rue du poème se dressent un arrêt de bus,
des barricades de chairs fatiguées,
un train pour Strasbourg/Finkwiller travel.
Ce matin encore le bruit parfait de la révolution
Rank Xerox au service de la masturbation

. . . .

5. quai St Thomas : David Brown

Fuck you boucheries de merde et de viande pour les repus de
la tête
Même les bites sont en danger d'être transformées en saucisses
Nous poètes nous n'avons rien à foutre de votre taux de
cholestérol

Nous sommes provocation de fréquence Pipi,
boutons de volume à fond dans les cons des femmes de flics
A quand la loi anti-pénétration ?

(Terribles je t'aime)

BESANÇON B.S.A. BRUSQUEMENT BLUES

....

J'ai sale gueule ce soir
resté en rade sur la route tout humide des brumes du Doubs
sans un pull-over the dos
j'ai fait du chemin en voiture leu-leu
et j'entends du côté de Roulans les ronflements du gaz
carbonique dans mes globes oculaires
j'entends partout les faux adieux.
A grands coups de pied dans le métal dur je me fais ma
place au lit
et je n'arrête pas de retomber dans ses bras.

Besançon — une R4 relève sa jupe, s'offre au bruit du désir
la pluie s'excite contre les vitres
« mon mari est flic »
œufs durs, chocolat, petits baisers sur les joues
encore 70 kilomètres ensemble.

(Terribles je t'aime)

KENSINGTON FRONTIÈRES

Je suis la mort des moments que j'aime
Quel voyage la poésie quand elle n'a pas de corps passionnés ?

L'antiquaire de Judd Street vendait des matelas de mousse vieux
de deux ans et étiquetés « boys downstairs/girls upstairs »
les trottoirs de Kensington ont enterré l'acide dans une
cabine téléphonique
l'autoroute M 23 dérapait sous la pluie
tout en haut des red buses grimpe l'inextricable poète,
le voyage n'est plus qu'un décalage horaire.

Le douanier se tenait debout au pied du lit attendant que la
cigarette soit allumée,
la dernière fois que je les ai vus ils n'avaient pas terminé
de faire l'amour.

Quel voyage la poésie quand elle n'a pas de corps passionnés ?
A la frontière de l'orgasme il y a toujours
ce « rien à déclarer » de la solitude aux gestes suspects.

Je suis la mort des moments que j'aime
images mots sales dimensions isolées
lectures impulsions dégoûts
l'incessante détresse vite innervée.

La dernière fois que je les ai vus ils mangeaient des flocons d'avoine
ils se régalaient de se posséder
ils parlaient d'herbe verte, de mer chaude et de précipices calcaires.
Oh, ils n'iront pas jusqu'au bout du paysage.

Dans Sutton Row la librairie freak ne vend plus de posters symbolistes
un vendeur de boutique pseudo-indienne s'est fait voler
tout son attirail.

Tout en haut des red buses grimpent toutes les dingueries
de la planète
la dernière fois que je les ai vus
ils se touchaient mutuellement le sexe

(*Terribles je t'aime*)

TRAIN DE 6.11

Rue de Rosenwiller — 67200 Strasbourg —
la griffe douloureuse
Caroline capturée « live » dans son lit
je marche dans les rues des boulevards, il ne fait pas
encore jour
Strasbourg jette hors du lit amoureux et amoureuses,
bandards fous et solitudes précipitées sur le trottoir
Voici un bus rouge et lent et déjà plein
Voici la gare la ville, labyrinthe grésillant d'habitudes.
Des trains surgissent les vrais solitaires
leurs trains de dérive en bagages accompagnés.

Train de 6.11 — Dunhill King Size dans le brouillard
de janvier
l'amour c'est juste un peu d'herbe mexicaine fumée dans
un bic cristal
chemise de nuit blanche
encore une demi-heure « vite aime-moi »
et le thé du matin bu à même la tristesse.

Si j'étais un Polaroïd édité à 70 000 exemplaires
je coucherais avec les brosses à dents des jeunes femmes
qui veulent aller vite
mais pas de Buick 6 pour jouer à Dylan.
Train de 6.11 — K. Way bleu marine
l'amour c'est une boîte de dentifrice vide

au moment où je montais dans le turbo-train j'ai regardé
le contrôleur, je crois qu'il avait des problèmes avec
sa casquette de chef.

L'amour c'est un plan de Strasbourg dans le sac, « elle
habite là, F8 »
Voici les papiers gras et le macadam enfumé
le bleuet et le buis
les brasseries et les journaux du matin
sa bouche qu'on dirait chauffée au néon
et son sexe immense terrain vague
où jouent et roulent toutes les hémorragies
de nos agressions nocturnes
20 000 volts dans le ventre — « ne pars pas »
« ne me laisse pas ».
Orange turbo-train/des milliers de pinocchios pour
m'accompagner
et Maryse complètement bourrée
elle m'appelle « Sir Neville Chamberlain », je lui réponds :
« Bébé nylon... tu as le sexe de Dorota Szczesniewski »
L'amour c'est un festival de rock sur le parvis de la cathédrale
« la mélodie est dans l'Hystérique ».

Train de 6.11 —
ma collection de capsules de Guinness tombe de mes poches
les flics m'ont vu et me tendent un tract du docteur Robert
et si je n'allais pas travailler ?

Je déchire mon livre et jette les pages sous chaque jupe
pas de highway 61 pour jouer à Dylan
19 ans dans les yeux et les poumons
et 70 000 billets aller/pas de retour sur la ligne
Mulhouse-Strasbourg
70 000 je t'attends chez toi
emmène ton sexe — j'ai du thé à la pomme — je parle anglais
comme de Gaulle et Hitler — viens vite — vite—
je me dandine... on se pressera des gelules noires
Ta campagne publicitaire
Orange turbo-train

(*Terribles je t'aime,* Le Pont de l'Epée)

Martine CALLU

Carapaçonné de misère humaine,
de bêtes à bon dos incolores,
nénuphars bitumés d'un présent
qui s'affirme
l'homme nu prison d'espérance
danse
Il est encore temps de brûler le temps
dans la fosse de nos ouïes sans regard

Eclair râpé
la colère s'épaissit
je crime l'objet
Raide
Drogue à l'envers soi
le cuir de ma mémoire
les jours et leur poids
les ciels et leurs chemins
et le rire lèche la puissance

Mon corps têtu par bloc et racine

(*Notre regard tresse son filet angulaire*)

Rien
et le rire s'entrouvre
Rien Rien
Deux pincées
Quatre opercules
un ligament de poil
une pastille de foi
A peindre au profond

rempart de la présence
Deux mines de point si axé
à l'angle de ma peine
un cadavre de pattes
et l'entre-temps tiédit
Il n'est pas de raie isolée
les cordages se tendent
du chien à la pierre
Je grimpe le monde
Nous sommes nos miroirs d'infortune

Triple scrupule
mot à mot
dent à dent
les bûcherons frappent l'être
Au creux de l'arbre
ma croix plisse

(*Notre regard tresse son filet angulaire*)

---

le pis-aller d'une poussière qui ergote à l'infini
notre chemin est un butoir
parlons donc ainsi
nous pourrons emplir le silence
tu marches tu allonges ta graine
nos bornes sont linéaires
elles cisaillent nos fêlures
comment ramper jusqu'à l'aube
puisque courir est irréel
parle trop
croire n'est pas mentir
nous crèverons bien en dernière ligne

(*Notre regard tresse son filet angulaire*)

Pourquoi faut-il sur le pont gris-bleu
le regard du vent
pâle
oublié ce soir-là
et l'ombre de mes pas
seuls
la porte grande ouverte
à la pluie endormie
à la pleine tristesse
sur le pont
gris
bleu

Je porte ma solitude
presque pour rire
presque pour rien
deux mots écornés
trois silences

A la poigne du temps la route s'érode
mes cris brossés pour un dernier rictus

(*Notre regard tresse son filet angulaire*, Millas-Martin éd.)

Patricia CASTEX-MENIER

sans rien devant cérémonies

et portes coulissantes
de la vue

une demeure
à chaque pas

(*Inédit*)

---

au
bout des pistes du langage

si
c'était vrai

ce tremblement
sous la lumière

(*Inédit*)

---

envie de dire

laissée
dans le dessin

façons
de tige près de l'eau — l'indifférence

et l'habitat

(*Inédit*)

---

seuls
parmi nos dieux

entre
l'ombre qui change

et la clarté d'ici

(*Inédit*)

---

si
long ce tremblement

sans
présager jamais de l'immobile

et
du plaisir au bout du compte
comme un plan fixe :

parmi
les joies, la plus ancienne
dans le corps

qui
fait de nous cette figure d'agenouillés

et
nous adoube

(*Inédit*)

— un temps

(aimer
mettre une vague après une autre)

comme s'il fallait attendre

un
nerf musarde puis s'agrippe

le cri
nous laisse son trajet de poudre

enfin
le sang, très vite — la courbe de l'agrafe

(*Inédit*)

Dominique CERBELAUD

RUPTURE

le printemps éclate comme une guerre

réalisant le baume et la blessure

(*Les Carnets du veilleur*)

PRÉHISTOIRE

C'était le feu. La nuit sauvage. Comme un désastre de fougères.

C'était le feu. C'était l'absence de tendresse.

La vie, pourtant.

A présent, c'est le froid, blasphématoire et nu. Nous cernons un passé. A sa faible présence, nous devinons sa gloire. Ensevelie. Et nous dansons cette mémoire. Mais la cendre se fige en ce lieu sans prestige.

C'était le feu.

C'était le cloître de nos cœurs. Ceux du dehors y pouvaient boire.

(*Les Carnets du veilleur*)

TROIS PRIÈRES

II

n'étant que le lieu d'un combat
je n'ai de désir que ta face
toi qui me possèdes, me nommes

n'étant que l'instant d'un mystère
il me faut apprendre à parler :

tu as posé de grands secrets
entre mes mains de nouveau-né

(*Les Carnets du veilleur*, éditions de l'Athanor)

Ton mystère : miel et vin mêlés, tendresse de source.
je redis ce psaume.

(*Dieu est lumière*)

Il a inscrit ses pas sur la montagne et s'est aventuré
aussi dans le désert

peut-être quelque ermite aura-t-il eu la joie de le
recevoir

(*Dieu est lumière*)

---

ceux du dehors parlaient de la lumière ailleurs

mais ce sont là récits de haute lune et de brouillard
inventions de marchands   fables de voyageurs

au vrai qu'y a-t-il au-dehors

(*Dieu est lumière*)

---

viens donc mon bien-aimé car l'hiver est fini
et vois comme s'éloignent son grésil et ses grelots

ailleurs c'est le vent ailleurs c'est l'octobre

toi printemps de perle et d'éclat

viens

(*Dieu est lumière*)

---

surgis mon bien-aimé remonte refleuris

(*Dieu est lumière*)

---

il est venu mais je t'en prie ne le dis pas

dans un midi de gloire et de splendeur dans une lumière ineffable au plus haut de la joie voici que j'entends s'avancer quelqu'un près de moi quelqu'un qui s'approche il connaît mon nom c'est celui que j'aime il revient

C'est son regard d'enfant plus pénétrant que l'innocence il est là simplement comme revenant d'un long voyage et sa présence est plénitude il ne dit rien

il est debout dans la lumière.

(*Dieu est lumière*, éditions de l'Athanor)

Philippe CHABIRON

La route molle La route qui dort
Les gazes se lèvent
Les fils de soie s'accrochent aux cheveux

La route molle La route qui dort
Les jambes s'enlisent dans le goudron jusqu'à l'étang

Entre deux feuilles de nénuphar
Je vole le cri d'une poule d'eau

Accrochées au soleil les racines des saules
Serpents aux griffes de chat nocturne

Tout cela dans ma poche
Ce soir sous l'oreiller

L'échelle monte au grenier se mettre à l'ombre
L'araignée prend les jambes à son cou devant la décision

Sieste éphémère
Silence d'été
Au pied du rêve

(*Inédit*)

Je t'ai rencontrée hier dans cette rue qui monte seule en ville
Tu marchais devant moi pour que je t'empêche de me suivre
Tu marchais devant moi sans honte malgré les aveux de ta jupe sur mes yeux
Tu as tourné la tête et je t'ai vue de dos
Alors pour en finir très vite

Tes cheveux haut perchés ont crevé les nuages sur le toit où quelqu'un
S'amusait avec les gouttes et les raccommodait pour en faire un chapelet de larmes
Et moi de m'accrocher à cette corde providentielle
J'ai croisé tour à tour mes pauvres amours décrépits
Qui me faisaient des signes de démangeaison
Avec leurs mains scellées à l'échancrure d'un ciel en rut
J'ai continué à grimper jusqu'à la crampe
Elle l'a prise comme un sortilège
Quand j'ai songé à redescendre
Les nœuds sont devenus plus coulants autour de ma taille et de mon cou
J'ai commencé à transpirer et à tirer la langue vers ton visage crispé sur le palier
Tandis que les autres visages ternes et sans odeur s'effritaient sous tes ongles
Nous avons amorcé ensemble le dernier virage sans appréhension
Et j'ai senti dans les rouages de ton corps que tu prenais l'initiative
J'ai essayé encore un peu de m'accrocher à la rampe mais
Des phares adverses m'ont ébloui
J'ai senti un grand choc dans ma
Tête
le nœud coulant
ma tête
la corde tendue à se rompre
Et soudain tu as éclaté en moi éclaboussant ma vie toute disloquée de mille gouttes de pluie brûlantes et suaves
Tandis qu'en bas déjà le soleil en bleu de travail levait les barricades désertées
Et que l'averse prise au piège se suicidait dans les hoquets de tes yeux bleus

(*Inédit*)

(à Guillevic)

On choisit de se taire
un soir maculé d'encre
en baissant le front

Au matin les mots sont là
entre les miettes de pain
hirsutes, vigilants
colmatant les brèches
dans la cendre froide

Pas d'exil pour les mots
guettés par l'humus
qu'un écart rendrait complice
de tous ces charniers béants
au mutisme provisoire

(*Inédit*)

Josselyne CHOURRY

NÉVROSE DES JOURS

(...)
un poing tendu claque en guise de drapeau
les phares des autos s'éteignent comme à la fin d'une grande kermesse
les âmes peignent leurs visages
les portes s'ouvrent sur la névrose des jours un ticket de métro à la main comme un laissez-passer indispensable

(*Les Révoltés du petit jour*)

LA TERRE ENDORMIE

La ville croule la ville s'écroule sous l'ovation du phosphore Les fleuves noirs noient l'illusion du bonheur
Des salves de sommeil trébuchent dans les ruines de béton Des bouches percluses se taisent sous la fanfare des mitrailles et des enfants ouvrent leurs bras au cœur vide des pierres
La ville brûle la ville disparaît en tendant son museau crotté vers les fumées sans feu de l'aube
L'aube se tait l'aube se terre parmi les plantations hérissées de barricades où sèchent des lambeaux de peau Un boulet défonce encore le poitrail du ciel
Une cigarette s'éteint dans un râle à peine humain

Le jour se lève le jour est là

Au-delà des reflets blêmes des armes la terre la terre sans rime ni raison la terre muette recouverte de fleurs avec au bout du monde un vieux canon rouillé une rose à la bouche

(*Les Révoltés du petit jour*)

LE CRI VERTICAL

. . . .

mais
à l'aube
la lumière
étouffera le cri des clochers
et la chute des passerelles
des regards enlaceront d'autres regards
sur des rivages vierges
battus par des vagues
de salive perdue

(*Les Révoltés du petit jour*, éditions Saint-Germain-des-Prés)

---

on torture des fous
c'est trop facile
des fous de pauvres fous qui n'ont pas leur raison
on torture des fous
on ne sait pas que faire
on s'ennuie
alors on torture des fous
on dit qu'ils ne croient pas en ce que croient les autres

qu'ils répondent toujours de travers
on dit qu'ils n'aiment pas ce qu'aiment les autres
et qu'ils cherchent sans fin une fleur rien qu'une
c'est pourtant bien simple
ils ne font pas de mal
on torture des fous
c'est trop facile
ils délirent doucement sur leurs lèvres gercées
mais ils ne parlent pas
ils cherchent quelque chose
ils ne dérangent pas
et ils s'en vont ailleurs si on le leur demande
ils s'en vont très loin
mais ne torturez pas les fous les pauvres fous

(*L'Enfant-drogue*)

---

que personne ne vienne
le voyage ce soir n'aura qu'un seul visage
le mien
le délire ce soir n'aura qu'un seul visage
le mien

l'ombre aura mon visage et mon nom et ma voix
et toi dans mon regard où je bois la caresse
je te rencontre encor déformé et vicieux
c'est encor moi ce soir
je viens rouvrir les songes et les spectres
oui c'est à nouveau moi
je viendrai donc toujours à cette même place
je serai là toujours à essayer la mort comme une robe neuve
et à n'en plus finir
que personne ne vienne
et puis ce long baiser sur la bouche
et quand j'ouvris les yeux ce n'était plus le monde

(*L'Enfant-drogue*)

---

tu es sorti de moi
et depuis tu es profondément en moi
mon enfant-fœtus
je ne me rappelle pas bien si je t'ai tué
ou si on m'a dit de te tuer
mon enfant-soif ne m'en veux pas
je te sens bouger dans mon oreille
ça ne doit pas être normal
cette nuit j'ai touché tes cheveux et ton visage
tu pourrais peut-être ouvrir les yeux
et me regarder
tu es uniquement moi
mon enfant-drogue
je t'ai fait par ma violence et ma peur
et un peu par le grand silence saccadé de la nuit
je t'ai senti bouger dans mon ventre
et tu m'as fait mal
pourquoi m'as-tu fait mal mon enfant-corps ?
je te garderai bien longtemps dans mon ventre
et je te donnerai de grands regards fautifs et timides
j'apprendrai à aimer l'enfant-drogue

(*L'Enfant-drogue*)

---

les eaux m'ont expié
et le Gange est impur
ô nue vous êtes belle
vos baisers m'illuminent
et roulent dans mon cou les jaspes de vos yeux
un instant mon amour
j'embrasse vos glaciers
et les neiges de bleu qui lacèrent les louves
m'aimez-vous mon amour ma seule indifférente
vos caresses de ciel et qui défont le jour
brûlent douces liqueurs dans des coupes sifflantes
mon amour laissez-moi lissant vos algues froides
vous me dites aimez-moi
vous vous ouvrez déesse
et dans ma volupté qui tremble de douleur
mon corps sur votre corps s'écrase et s'engloutit

(*L'Enfant-drogue, coll. Initiales*, Saint-Germain-des-Prés)

Francis DANNEMARK

WATER SHOULDERS

Ils jouèrent
enfin d'étranges
musiques

qu'on attendait
qu'on n'attendait pas

ailleurs, le ciel plus souple
prismatique déguisé gouttes glissées

(parfois des jours de glace, iris
épaules
et tout le reste

— miroir au poing des gestes).

(*Heures locales*)

Un piano lent a mordu l'air plombé
toutes paupières
persiennes tombées

et c'est loin : des brésils pulvérisés
la poussière des années

s'il reste quoi
(un arbre à peine

mais qui penche le ciel
de trois degrés vers l'ouest)

et on ne sait
plus l'heure à midi dans son ombre

assise (music with your
mexican tequila
waiting for just
another dawn)

quelque chose peut-être

attend (quelqu'un)

(*Heures locales*)

Feuilles de traverse / chemins
hauts grés de regards (plus cernés
que le poing interrogé de tes lèvres)

(et passé vingt secondes — nous silence —
à peser le vol passant d'un engoulevent)

puis.

Le ciel renverse.

(*Heures locales*)

---

ai tant voulu
cordes et cuivres
l'autre
entretressés de musique
en toi

mais

silence de sirène
cicatrice pour long temps
de mots scellés

puis encore toujours
impatiente le printemps
déesse aux yeux sciés

(*Heures locales*)

QUARTZ / QUATRE PIERRES VIDES

1

Poème nœud
au lieu
de
passage

mille mots dits
parlés que (je) parle

mais qui parle

(*Heures locales*)

Répit. Ce sont des
masques et la nuit

dont on creuse la peau.

Je mâche encore ma mort
avec des yeux d'oiseau.

(*Heures locales*, Seghers)

Jean-Marc DEBENEDETTI

« Pourvu qu'on se souvienne du grand lac de la montagne », se disait le plus jeune. Quant aux autres, ils auraient pu boire toute l'eau de la première source que cela n'aurait rien changé pour eux. Le contrôle, le souffle, ils les avaient perdus à jamais.

Ils avaient beau tenter de se souvenir, ouvrir un sourire sur le givre des hommes, les pierres se rallumaient sur le feu des visages, et sur la plage l'oiseau mangeait son bec de sable.

(*Rictuels*)

Les rues désertes n'enfantent plus de baobabs
Aucun sauvage ne campe à Notre-Dame

Le nombre des papillons de nuit
augmente chaque jour davantage
                                        mais alors

                                        tard le soir
faut-il pénétrer doucement
cette femme connue de tous
qui loge et rêve à mon index
                                quand je dors

(*Rictuels*)

La nuit se tisse de l'éparpillement
des mémoires et les horizons se resserrent
jusqu'à l'être ultime qui se bat et active
les corps qui la hantent
la mort fait éclore ces revenantes
dans une fuite invisible elles
organisent le désert à leur départ

Leurs gorges s'épanouissent
à des bras d'ailes blanches
elles viennent les seins nus
cueillir les sarments d'une vigne arrachée
pour mener leurs paresses là où il faut
il leur a fallu contourner la solitude
de la pierre et passer sur les boues des chaussées
où viennent mourir les désespoirs de tous bords

(*Rictuels*)

Seule des mémoires vue
des cigales endormies tout au long du chemin
avec ses mains de crêpe et sa taille
profonde
enfouie sous les bois que protègent les coteaux
elle me voit et se tait
elle défait son corsage
et son corps d'aubes fraîches reçoit la lumière

elle dira je suis en retard elle dira
pardonne-moi
et ses cheveux se dénoueront sur ses épaules

(*Rictuels*, éditions Saint-Germain-des-Prés)

Pour satisfaire le désir des vents
les oiseaux n'hésitent pas
à gommer la parole

Pour révéler le sommeil de la terre
les racines ont renoncé au regard

Pour donner sens au temps
les pierres dévoilent leur squelette blanc
qui sont des signes diurnes

Sur la plage à toute heure
se grave ainsi dans le sable
le journal d'un œil à naître.

(Inédit)

Patrice DELBOURG

et fumée cinquante yeux de têtes pâles
la bouche de sang submergée soixante francs à fond
éperdument des larmes un bruit ronge l'os
non un trésor au regard subtil
surveille de ses prunelles vertes un mouvement vif
à grosses gouttes lentes trempant l'obscurité
éclair de dents moqueries fin
mais quoi plus de désir
le débit de tabac est encore ouvert celtic
blonde absolument

(*Toboggans*)

à trop corps lutter s'amputer
des deux mains
couper les décibels en souplesse longues
échappées au large
bloc opératoire perte lointaine
usure en miroir rhésus peu fréquent
villejuif au début de l'automne incidemment
la mort dont le sang est absent
les alarmes les fantaisies à monaco
ville singulière que nul ne quitte avant qu'elle ne lui ait
imprimé sa marque
les performances d'amour avec des effigies
bloc opératoire
Spécialistes confiants malaises répétés dans des
lieux publics
quelque chose comme une vérité dans la poitrine
l'hôtel dieu entrée des urgences un ami dans
une posture un peu gauche

(*Toboggans*)

---

tous les jours à pleine voix   la peau s'horripile
à l'arraché du temps   le monde est quotidien
bande sonore arriérée   la solitude du noir et les jeux curieux
nudité sans méfiance   les sanglots camouflés infiniment
sa faille limpide   l'extrême bord   prénom de personne
dix-huitième arrondissement   la lampe nue sous le foulard
au-dehors   harponné avec rage   l'air frippé qui volète
enfin juste retour   station tolbiac   les ponts fragiles
rails sans origine ni fin   péniches de guingois
cette berge la plus douce
cordillère de désirs   plus loin la morgue tranquille
abrupte dynamite du songe   séjour de minerai fossile
tiroir numéro trente-neuf   collision autopsie
sortie du tunnel   quai rive droite

(*Toboggans*)

---

stade vide
le score est encore allumé   pelouse labourée de crampons
match nul   gradins désertés   vestiaires sonores
parc des princes   deux buts partout   résultat heureux
pour les visiteurs   attaque stérile   le car des supporters braille
quelques quolibets   l'arbitre passe
en tenue de ville   forme mouvante   indistincte dans l'obscurité
plus claire maintenant   accoutumance   muscles longs   maillot

numéro sept ailier droit échine lasse chaussettes baissées
ombre démesurée au point de pénalty c'était à la soixantième minute
mains aux hanches dix fois dans sa tête le ballon repasse la ligne de but
succès bravo bourrades des copains tout ça au bout du pied
le goal portait un pull-over rouge
il tira la balle entre ses mains

(*Toboggans,* Editions de l'Athanor)

François B. DESTREM

... Des rayons d'étoiles un peu mortes parviennent
A des pianos d'aube lointaine sans musique
Cristalline puisque des arbres en douleur
Vont par la nuit tendre une branche
Etranges les faces des lutins désinvoltes
Avant Dublin n'était pas loin du jour
Où la vie était intense
Maintenant recomposée toujours passer vers
Des détours la vie n'est plus ce qu'elle était
Bientôt frappés de tumulte rouge
Le sang perdu on en boit tous
Les gorgées à la même coupe
Des floppées où rien ne bouge

(*Solemnis*)

Fuite nuit vers nuit au couple bras
Emmêlés claquent des sols d'herbe
Sur un gant de lait bleu s'étale toute
Une matière grasse qui enveloppe des
Corps charnus rebondissent face à face
A faire de l'amour pas cher sous les
Taillis saisir des pellicules l'enfant épie
Avec les paupières fines les veines très
Pâles regards sur morsures visibles
Très près d'une décharnée qui va rôder
Dans les salles de la classe grise lui offrent
De petites prières naïves toutes dévotes à
L'âge de passion doit aider à remonter
Des pentes verticales qui se meuvent
Soutenues par petits membres engourdis.

(*Solemnis*)

Dans une ville endormie aux couleurs d'un soupir
la barmaid lui pria de s'en sortir
il l'aide à grimper au tramway désaffecté
lit à haute voix l'inscription d'autostrade
se courbe au bout du sens giratoire

son chemin s'appelle déconnection des jours de grâce

(*Solemnis*)

Puisque l'eau macule la grève
En chemin élégie de sa démence
La main qui parcourt sans attaches
La froideur des temps colonnes de feu
L'intervalle des phares absurdes
L'ouverture des vagues disperse les hommes
Ce sont des slogans de zones interdites
Etrange objectif devient la plage urbaine

(*Solemnis*)

....

Le bâillon a toujours été précurseur d'incendie
(disent les pompiers ligotés)

(*Solemnis*, Saint-Germain-des-Prés)

Elle avait un visage de caramel mou luttant à sa manière
héroïne au sens de la phrase émancipée
brûlait d'amour/arabesque des lieux d'ivresse
partie de ce ciel tendre tendu sur la mer
elle va dormir tout entière dans sa perdition
au creux des seins inséparables la joie solaire

(*Solemnis*, Editions Saint-Germain-des-Prés)

Christophe DONOVAN

FILETS de l'art qui fuse
d'une rupture à une autre

Les mains
— envoûtées —
peignent avec obstination
les récifs :
cerveaux déserteurs
vertiges biseautés
blessures sagaies ouvrant l'air
miroirs dévoyés par la myopie
images pulsées en vrac

Témoignage à ébruiter :
LES EXPLORATIONS DU SANG
NE SE FONT PAS SANS CASSE

(*La Guerre d'exister*)

L'asthme se substitue
aux natures mortes — aux ricochets
du temps — à la pesanteur crispée

Le pierrot terrestre
miaule — en état de légitime démence

La clef dans la serrure, un pied dans la tombe,
se relève — la face hilare, meurtrie
Hilare PARCE QUE meurtrie

La cuite ? ou l'attente du Grand Soir ?
la névrose Némo ?

Notre crucifixion se déroule — jadis

(*La Guerre d'exister*)

Le porridge est servi — la guerre peut commencer

(*La Guerre d'exister*)

(Aujourd'hui les familles aiment bien
le jazz-mélancolie Même Pépé)

(*La Guerre d'exister*, Millas-Martin éd.)

Marie-Anne DUC

TABAGIE

Sept mains s'écrasent
sur l'énoncé oblique du hurlement
de chevaux qu'on abat
pour lettre morte

Sept armes
contre la tauromachie inventée
des esprits talonnés
qui éclatent l'illusion
d'un ventre bondé
par une longe cervicale

Et la tête en bas
brusquement excavée
dans les parallèles ouvertes de deux lèvres
sept mains s'enroulent
aux doigts morts
de sept langues minutieusement travaillées

(*Autopsies vives*)

EGOTISME

Toujours
les rondes infestées
craquent à l'endroit
de la révolte amoureuse

Là s'expulse une œuvre noire
de serments névropathes
faits entre cuisses profondes
et lèvres planétaires

Alors on croit
le génie tenace
natif des ombres
de l'appréciation de soi

Et les portes s'ouvrent amères
sur la fièvre masturbatoire
d'une infinité d'insectes muqueux
accolée aux danses cinétiques
des exhibitions sentimentales

(*Autopsies vives*)

COPULATION

Comme au lit d'un reflet
au fond de deux alcools ouverts
deux pupilles blanches
et fixes

Et déjà
travaille le râle des nerfs
aux douves de ma rétine
comme une braguette qui se déchire au fond des yeux

Et
chaque retour ivoire asperge de mort
les nervures pourpre et nacre

et la blessure congénitale
du ventre
de mon crâne à pourrir

(*Autopsies vives*)

SÉDATION

Quelquefois
deux langues synoptiques
vierges de silence
aspirent un sexe emblématique
qui se cabre et ne pense à rien

Alors les rues en cons
s'étirent sur mes vies
qui bandent vers les feux verts
s'écrasent contre leurs mamelles improvisées

Et la soif visqueuse
se coule d'entre mes dents
pour y attendre la putréfaction des yeux
qui ne baisent plus

(*Autopsies vives*, Millas-Martin éd.)

Jean-Claude FUREAU

LES FARCES SURGISSENT/

IL effrayé de son miroir-ventre / IL libéré
des délices de l'obsession / IL irrésistible
dans le matin froid / IL jeté sur l'itinéraire du
rire nu / IL croise JE résidant en arrière /
IL dénoncé par le sablier pneumatique / IL
degré ZERO / IL ciselé par les tentacules de
son paravent / IL arpente l'élimination / IL
débranché rend sa cause expérimentale /

(*Opus pour un 8e spasmodique*)

---

je fredonne assis sur le plancher du vide
je suis pas camé
je suis pas force
je suis pas isolé
l'hôtesse de la LENTEUR
s'enduit autour de mon (corps)

(*Opus pour un 8e spasmodique*)

---

se prendre pour un endroit en mouvement
avec en spirale ma chair sur mes os
et ce corps qui vrille et consent et s'englue

dans le rectum du programme
pour un soleil de mieux
implique fatale de l'aspirant
mon message attend au confluent des labyrinthes
bouclé dans une culture de postes-frontières
convulsions ou cérémonies je ne sais plus
mon esprit peu à peu purifié par injections
se noie dans toutes ses fibres
je suis en passe de devenir une bête

(*Opus pour un 8ᵉ spasmodique*)

JE renifle une des charnières de l'éternité / son écriture penche / chaque fibre des mots fouille le souffle de OPÉRER / ... ici le CERCLE (truquage) éclate une subversion magique / l'œil de LONGTEMPS interrompt son repas cosmique / une muse-contrôle décèle des lésions dans les glandes — (   ) en-dessous de ZÉRO / ... JE rampe dans son treillis d'haleine.

(*Opus pour un 8ᵉ spasmodique*)

---

dans le cadran d'une liberté-naïade
de ma génération doigtée

visite de la lumière
MANDALA-MAFFIA
(embruns de signaux d'innocence)
terrorisant les ecclésiaques
dans leurs jardins de brouillard

dans ce velours mécanique
aux couleurs stupides
la foudre revêt son nécessaire-échafaud

(*Opus pour un 8e spasmodique*)

---

dos à la nuit
à la violente répulsion
du paysage nécessiteux
aux maçonneries
d'ondes terrestres
invisibles assauts
des suppositions
(tourbillons de statues
mal placées)
enfouir mes plaies
pour ne pas manquer
une seule pulsation

(*Opus pour un 8e spasmodique*)

---

vaudeville basse-fréquence
odeur de camphre
cervical
ce besoin encore de l'haleine
de mes mains tristes
emblème-excréments
d'éther engourdi
ah mon vieil ami bulle d'oxygène
mes yeux trichent
(ou bien légère commotion-orientation).

(*Opus pour un 8e spasmodique*, Millas-Martin éd.)

Jean-Louis GIOVANNONI

On ne caresse jamais

l'intérieur d'un corps

(*Garder le mort*)

On attend
depuis le premier jour
qu'on nous touche
le centre

Certains
ont voulu venir
mais n'ont pas été loin

Nous ne sommes peut-être pas
assez élastiques

(*Garder le mort*)

Avec les organes génitaux
on croit
se prolonger

On fait naître
en-dehors

Rien d'autre

(*Garder le mort*)

On veut savoir
par où
on sera pris

On contracte
les parties les plus sensibles

ça ne sert à rien
qu'on gigote

(*Garder le mort*)

Ceux qui ne supportent pas
préfèrent l'arrêt du cœur

On bascule
c'est certain
beaucoup plus vite

(*Garder le mort*)

Dans le fond des membres
il y a des moignons

Ils attendent
d'être révélés

(*Garder le mort*)

On meurt
par effondrement

Les os
vers l'extérieur

(*Garder le mort*)

On perd souvent
ses urines
quelques minutes avant

On ne peut pas s'arrêter
pour un rien

(*Garder le mort*)

On a envie de vomir

On se retient

On a peur
que tout parte avec

(*Garder le mort*)

L'haleine dure
La vitre de plus en plus près
Le goût du lait
remonte

Et puis
de la buée   beaucoup de buée

(*Garder le mort*)

Celui qui meurt
on ne le touche pas

Attention
à ceux qui ont des plaies aux mains

On ne sait jamais

(*Garder le mort*)

Tout se cicatrise

Les gestes
retombent dans les membres

Commence le silence

(*Garder le mort*)

Le corps
creuse le lit

Il faut des planches
pour arrêter

(*Garder le mort*)

On le lave

pour en finir

(*Garder le mort*, Editions de l'Athanor)

Nos gestes
parlent
contre la montée du froid
la nuit
se fait rapide aux jointures

Ce pays qui te vient
au bout des doigts
qui voudrait le partager

(*Inédit*)

Je gardais mes vêtements le plus longtemps possible, évitant d'en changer. Jour après jour il s'y déposait des formes intimes. A elles seules, elles constituaient une mémoire plus fidèle que mes yeux.

(*Inédit*)

Le linge est dur
à mâcher
C'est toujours
très sec
la mémoire

(*Inédit*)

Le cancer
c'est aussi de la chair

On ne peut pas le séparer du reste

Il est de nous

On ne l'égare pas
il est dedans

(*Inédit*)

Djamal-Eddine IMAZITEN

VIERGE DU SOLEIL

devrais-je pour cela être voué éperdument
à la transe de l'anathème
à la transe maléfique d'un court moment glacial
qui s'improvise sur les joues roses de mes ablutions altérées
Mais qu'importe Pucelle aux yeux d'Argus
logés sous deux Arches fictives de poils sombres

(*Retrouvailles du monde*)

LÉTHARGIE

Ces lèvres-ci ont la saveur de la prèle
L'odeur des fleurs de gypse sur la verdure
De tes paupières sans corne et les couleurs
Des yeux qui s'étirent sous la courbe des seins
Et se maintiennent intactes au creux du Ventre

....

Vous voici revenus en l'espace d'une nuit
Le rire fragile qui scintille au bord des larmes
Pour mieux nommer dans les balafres du silence
Votre éclat vif à la mesure de votre corps

Mais ce visage a un goût d'essence de pin
Le regard s'y perd avec toute sa semence
Et déploie l'humeur précoce de ses moissons
Parmi le rêve insaisissable de l'argile

Cependant bien au-dessus de toute la paille
Humide de ton aisselle submerge l'étendue
De ton sang où bâille le pollen des fleurs
Redonnez à la femme les merveilles des saisons
La sécheresse d'avril dans les fumées de l'alcool
Et l'absence du deuil dans la chair attentive

Car maintenant voici que mes mains te retrouvent
Chimère au tournant des Villes J'épouse ta forme

Que j'inscris sur les soleils qui peuplent la mer.

(*Retrouvailles du monde*)

LES SÉQUELLES

à Jean Sénac
Nous avions été liquidés limogés dans un Monde
où la Poésie n'a pas de sens.

I

Descendent le Guadalquivir les Migrations
sur les flux de jasmins
sous les plaines d'olives et de cannes à sucre
où les chants des femmes d'égal printemps
mûrissent les moissons des cailles veloutées
et l'haleine fendue des grenades
Descend le Guadalquivir l'enfance nue
de Séville dans l'inquiétude des jours
Enfant j'habitais déjà le Monde de Federico
Dans Grenade au sein des guitares de noyers verts
sous les ciels tranquilles et lourds d'orangers

où ma mère sous la treille le soir lisait le Livre
Dans les provinces de Murcie où flambent la menthe
et le blé tendre que mûrissent les colombes
rivées dans la voix docile des gitans
O terre que meurtrissent les banderilles de la Garde Civile
terre où mes visages de songes vulnérables
moissonnent dans la Cité l'Ombre et la Colère
lorsque les Migrations descendaient le Guadalquivir

II

Sous le sommeil fragile d'un nouveau-né
descendent le Guadalquivir les Migrations
sur les flux de jasmins
Là où nos voix étaient sœurs du Silence
là où nos pas étaient frères du Mépris
Et pourtant nous avions su vivre ce jour-là
ensemble dans les Chemins de la Décrépitude
alors que les Pluies lourdes de Morts et d'Agonies
nourrissaient aux grandes heures la terre saline
nous avions su vivre le chant libre du corps
dans ses Présents retrouvés dans toutes ses Voluptés
le Corps où s'attarde à loisir l'Appétit du Monde
dans une terre mitoyenne du Soleil toujours en Mutation
Là où nos voix étaient sœurs du Silence
là où nos pas étaient frères du Mépris
sous le regard acide de la Mer sœur du Mensonge
comme le SANG à Grenade sur le seuil efféminé
Descendent le Guadalquivir les Migrations
sur les flux de jasmins

Alger, septembre 1975
(*Retrouvailles du monde*, édition Saint-Germain-des-Prés)

Colette KLEIN

Chaque arbre est un fœtus de la terre
des milliers de fois recommencé pour la cérémonie du feu

(*Cécités*)

Je pressens l'interminable rire des êtres accouplés
corsages ouverts sur nos fenêtres
appelant la complicité des fleuves
des arbres
pareillement noués
pareille sève conçue pour des voyages inutiles
grotesques
jusqu'à l'écorce fendue qui chante doucement la mort
pareillement nouée et dénouée

(*Cécités*)

Reclus dans la vie de soi
pour l'agonie des dernières fulgurances

Fenêtre ouverte
entre deux mondes confondus
offerte au suicide-morsure
empire des destins impuissants
Brisure de chair délivrera l'esprit

(*Cécités*)

Les corbeaux
les insectes
les enfants
dévorent les déchets humains

L'aube crevée se venge d'eux
et le cri des arbres ensevelis
et la torpeur toute neuve
qui règle l'insomnie

(*Cécités*)

L'absence porteuse d'enfants morts
prend le moule des choses défaites
des visages lâchement abandonnés
et la fièvre s'y replie
curieusement fardée
alourdie
tout empreinte d'une douceur exagérée.

(*Cécités*)

Les volets ne reflètent pas la nuit qu'ils renferment

Ils sont le mur
ajouté au mur

le gardien des visages

(*Cécités*, Millas-Martin éd.)

Christian-Yves LHOSTIS

(...)

Vers ce cadran solaire qu'est le torse, lorsqu'on se penche un peu, ployant la colonne vertébrale, attiré par le jeu des ombres sur le ventre. La distance est dérisoire entre le regard et ce que l'on voit de soi. Saveur de lait dans la bouche. Sur la peau, par endroits, de plus en plus nombreuses, rapides, rapides, petites aiguilles de lumière, plantées, injectant lentement, lentement le sérum. Saveur de lait dans la bouche, cave profonde, abri pour la langue qui n'en sortira plus. Orgue massif, soudain, d'où s'échappe une multitude de notes, se chevauchant, se masquant les unes les autres pour ne plus former qu'une seule note, immobile. Vagues se retournant sur elles-mêmes, en un cercle bruyant, Kabbale, cavale, serpents qui se mordent la queue, Ourobouros, immobiles. Echo sans cesse renvoyé par son propre écho, immobile. Les grands souffles s'étendent à plat sur le sable. Etre assis, ici. Ciment, bois, peinture, plâtre. Creuser très vite, alors, avant que la lumière ne détruise toute ombre de son grésil, la tombe chaude au fond de sa propre chair. Trop tard. Corps-moignon, amputé, coupé de ces gestes qui donnaient la vie. Les douleurs se réunissent ; toutes les douleurs se chevauchent ; tant de douleur qu'on ne ressent plus rien

regardez regardez

(*Inédit*)

Ma nostalgie de l'aérien
Des fossés
Des mers profondes
Cette passivité toujours en arrière-plan
Les affrontements

Mes mains contre mes mains
Les soubassements fragiles
Que je mets à jour chaque soir
Toutes choses incompatibles
Avec le sommeil

(*Inédit*)

Les eaux s'évadent dans le regard
Font bouger les viscères
Le corps s'enfuit avec le reflux
Les veines sont des minces filets d'eau
Les profondeurs épousent la mobilité
Des déchaînements proches
Car la vie n'est pas murmure
On se lie par le sang
Aux déflagrations d'écume
Cela devient inexplicable
On ne s'effraie plus
Il n'est plus question de mourir

(*Inédit*)

Je la préférais aux autres, mais j'évitais de la regarder de dos. Elle ne restait jamais dormir. En s'excusant elle ouvrait la porte, et s'enfuyait. L'air frais du dehors venait prendre sa place. Que laissait-elle, après s'être échappée ? Deux ou trois variétés de regards, subdivisés en infinies nuances, un parfum dont elle ne songea jamais à dessiner sur une vitre embuée la forme du flacon.

(*Inédit*)

Besoin constant de me ravitailler
A n'importe quelle source
Il me faut des occupations
Mêmes stupides, vaines
Tout se délave et s'incline
Les sentiments ne sont guère que des accessoires
Qu'on garde en secret sous la peau
Désabusé : les humeurs recommencent
Courtes offensives de la raison
Amour : on en parle on en parle on en parle
Ai-je tort ?
Suis-je en quête d'un quelconque sens exact ?

(*Inédit*)

Difficile de tendre en permanence
A l'essentiel
Fatiguant à la longue
Il ne faudrait pas que mon existence prenne l'eau
Je me lasse
Les verres tintent
On les remplit
Tout change
Vite vite vite encore plus vite beaucoup plus
Les regards de plein fouet
Les yeux en pente douce
Fatigués
Isolés
Aussi vagues que possible
S'amusent parfois à simuler des sommets

(*Inédit*)

Juan-Luis MARTINEZ

AU GIBET, LES FÊTES !

Le dégoût est bien plus grand
qu'on ne le pense
J'en ai fait le tour à pas menus
et n'en ai pas vu le bout
Mais peut-être est-ce la déception
qui m'a le plus figé
Cette molle agitation, mais que se croient-ils donc !
Et tous ces groupes piaillant
en route pour l'église
S'imaginent-ils qu'un lavement annuel
les préservera de la médiocrité ?
Non vraiment c'est à ne pas tenir
Un jour viendra où je ne pourrai
plus supporter cette verticalité

Mais alors là plus du tout

(*Le Silence et sa brisure,* Saint-Germain-des-Prés)

L'HOMME DE FIÈVRE

... Comme si je me trouvais dans un ascenseur lancé à pleine vitesse pris d'un vertige sporadique mille fois plus écœurant que la nausée provoquée par une faim extrême à certains moments un tiraillement impossible à localiser

traînée de fourmis tout le long de mon épine
dorsale
la vue se trouble et ne peut que geler
fonte du regard
quelque part sur des chaussées luisantes des
corps nus sont éventrés
danse des nerfs qu'accompagne le cliquetis
des vertèbres
l'image se coagule
un silence sonore (mais comme à contre-cœur)
se retourne s'agite et se recroqueville
la neige s'associe au tapis moelleux
du temps et choit sur l'épiderme solaire
La douleur enfante la douleur qui enfante
le MOT
des voix s'allument et s'éteignent proches et
lointaines
sûrement l'esprit emmuré
qu'on ne cesse d'emmurer
caveaux partout caveaux toujours
mon crâne se fissure et devient une bouche
ouverte au fond de laquelle apparaît
une mer d'empreintes
la souffrance vague qui irrigue la terre
prend sa source derrière mes paupières
quelque chose d'inanimé d'haletant
me l'affirme
à fréquences régulières éclate et se recompose
La mosaïque des songes
pas étouffés sur ma langue
et saignent les dents
saigne une haine primitive qui diminue
pour aussitôt augmenter
ascension du souffle
ascension de l'effroi
ascension qui mène inévitablement à
l'asphyxie
à la scission
la parole larvaire parcourt un itinéraire
non mesurable

qui doit me délivrer m'extraire du chaos
instauré par le souvenir
la pureté c'est le mouvement dans toute
son ampleur
celui-qui-écrit n'habite pas le vent
qui s'enroule autour de celui-qui-lit
il est ce vent il est le mot
et son trajet obscur
celui-qui-lit ne fait plus qu'un avec
celui-qui-écrit
un multiple et indiscernable
l'œil et le regard
le bourreau et la victime

le feu dans sa langue de cristal te
murmure : « la vérité souille celui
qui croit la détenir »

(*Inédit*)

HORS DU CADRE (L'HOMME-SILHOUETTE)

S'arrêter soudain à la croisée de deux chemins
et là pris par le froid
simulant la réflexion
alors que la tête est vide
vides les yeux
et déserte la poitrine
sauter sur place indécis quant à
la route à suivre
des météorites lacrymales traversant l'espace
de la mémoire et
s'alliant aux incendies furieux
des révélations
tournant la tête de tous côtés

sans s'apercevoir que le paysage
n'intéresse pas le regard
la bouche sécrétant des paroles inachevées
des mots inconnus
alphabet émergeant des laves du ventre
la langue se faisant lourde
comme pour signaler la puérilité
de la tentative
(impossible de proférer quelque chose
d'intelligible)
répulsion des nerfs devant ce langage
qui refuse de risquer son sang
dans quelle voie s'engager
pourquoi prendre une route qui mène
quelque part
la nuit occupe tous les horizons
je reste là debout un tremblement
progressif secouant mon entendement
immobile dans le silence de l'être
seule la lueur empourprée de mes yeux
indique aux hommes que la vie
ne s'est pas éteinte en moi

le corps et l'esprit se sont séparés ici
dans une solitude foudroyée
à jamais

(*Inédit*)

Jean-Michel MAULPOIX

J'ai ignoré longtemps que tout voyage commence sous la pluie. Il faut rester des heures et se tremper les os en n'attendant personne. Une femme vient toujours qui vous prend la main sans un mot. Son corps pétille, puis il s'étire jusqu'au sommeil entre vos bras. L'enfance alors vous marque et vous colore.

(*Locturnes*)

J'ai d'abord fermé toutes les portes. Sur la terre informe des objets innombrables récusaient toute parole, tout assaut d'amour était vain. J'ai verrouillé ma vie entière et me suis recueilli. Les ténèbres lentement sont tombées. Avec la lumière des voix vinrent et j'ai rouvert chaque porte pour laisser s'échapper les chants.

Telle est l'histoire des pages blanches.

(*Locturnes*)

J'ai rêvé d'un oiseau fertile.

Perdrix rasant les blés, expulsée du plus haut, ton bec était un grain de poivre gris. Bel oiseau de papier, tu t'enflammes à la nuit tombante. Combien de fleurs après ta chute, bel oiseau qui fis la terre ?

(*Locturnes*)

Femme rencontrée au large, sur une route ouverte où seuls circulent les soleils. D'abord sa silhouette, son lointain corps qui se rapproche en glissant. Et puis ses yeux, trop de choses en qui je m'imagine. Leur étreinte. La main prise comme étoile volée. Sans un mot le corps enfin offert au lent frisson de ma joie coulée sous la mousse. A jamais délivrance.

(*Locturnes*)

J'ai parfois rêvé de frôler du doigt les seins de la vierge en qui je ne crois pas. Que ses yeux vibrent sous l'ébène. Pour approcher d'un dieu qui pleure.

Dieu du ciel, les mots de la terre te déshabillent et te pénètrent. Pour augmenter d'une courbe ton amour, et le monde d'un enfant nouveau-né. Je te hais du fond de l'angoisse, quand de terribles diables me font rugir de joie, quand j'ose pécher par amour extrême, et redire à ce qui n'est pas toi que j'ai peur.

(*Locturnes*)

Ecrasé de sommeil, l'enfant se plie en quatre. Sa mère le berce, il est midi, elle a pris la place de la nuit. Elle caresse ses cheveux pour apaiser son rêve, elle chantonne : bruit léger de ce bâton d'aveugle.

(*Locturnes*, Lettres Nouvelles/Maurice Nadeau)

Matthieu MESSAGIER

orgeat des yeux été tenu de flagellés

---

ergot de tard

---

orgeat enfoui la vie
orgeat souvent

---

orgeat hurle
orgeat à la tête
orgeat d'un calcaire la bouche
orgeat était couvert de lourdes écailles
orgeat l'étrier os de l'aile de corps

(Nord d'été naître opaque)

---

le geste de serre laissante
le geste isthme cacao excède
dire de la joue et de la mâchoire

---

s'attachait à la terre adolescence sac

---

orgeat détroit de Béring

---

crucifié taille ses veines
dans l'animal de dent

---

ventre bleu accroupi se lèvent ça murger python
les fleurs sèches un vagin,

(*Nord d'été naître opaque*, Jean-Jacques Pauvert éditeur)

Chantal MIGNOT

DÉPOUILLE
ÉLAGUE TA PAROLE
ÉTABLIS L'ESPACE
OU S'OUVRIRA
LA FAILLE
EXIGE
LA RIGUEUR
OU AIMER SERA CONTRE SOI
DEBOUT
ROMPU DANS LE BALANCEMENT
DE LA TERRE

(*Inédit*)

FACE CONTRE FACE
TOI
PAUVRE
QUI
VAS DONNER LES ARMES
ROMPRE LA TRAME
EXIGER LA LUTTE
QUI
O VIVANTES
POUR QUE LA TERRE
FÉCONDE
EN NOUS
LA RIGUEUR DU SILEX

(*Inédit*)

La mer
En sa demeure hurle

Très loin de toi
Passe le bruit de pas disparus

Tu sais que ce sont les tiens
tu te tais — ta gorge est rouge

Quelqu'un vient — sur le sable
La plage est vide — tu ne sais pas son nom

Mais l'ombre est immense
Que la vague emporte

Et dans la trace morte
            tu entends ta vie
                        tu entends ta vie

(*Inédit*)

Espace feutré
            le désir s'engouffre
      et le ventre répond
                  à la reconnaissance du corps
derrière, pourtant la blessure s'ouvre
            devient miroir et fleuve
s'élargit jusqu'aux passages
                        trace
            la mémoire inachevée

                  Où tout est à sa place
                              désormais

(*Inédit*)

Michel MONATE

Sur le chemin
j'ai découvert un papillon

je n'ai pas le temps de tout dire

les chiens cherchent déjà ma trace
le long d'une traînée de poudre d'ailes

(*Jamais tranquille*)

POILS

Je ne crois plus aux sirènes
ventre couvert d'écailles

Je veux la femme

(*Jamais tranquille*)

LE PETIT JOUR S'AVANCE UN COUTEAU A LA MAIN

Le dernier vent
chasse les feuilles
les arbres quittent le pays

Est-ce le napalm
les bactéries

(Revue *Les Flamboyants, n° 1*)

Soulève-moi de terre   écoute le ravin glapir au fond de l'âtre   et bois à chaudes gouttes la liqueur du rossignol par le bec

Soulève-moi de terre et bois au fond de l'âtre les gouttes du rossignol par son bec
Soulève l'oiseau   bois son bec

Lève-toi pour vomir le rapide festin du cardinal oiseau à plumes de phoque

Soulève la peau de l'âtre et bois le bec des choses par le doigt de l'imprimerie ta voisine

YEAH !

(Revue *Les Flamboyants, n° 1*)

Il prenait sa petite sœur pour une île
un coin frais pour aller pêcher

le dimanche il venait en barque
tendre ses lignes
et s'y reposer

Qui a prévenu la police

(*Jamais tranquille*, Ed. Saint-Germain-des-Prés)

Jacques MOREL

APRÈS BOIRE

(...)
La fête quand les autres sont couchés
Drame, carnet de bal, déjeuner sur l'herbe
De Renoir
avec Meurisse
Le café fort me répare les soupapes
Je démarre
A moi le Grand Prix
Du blanc cassis d'argent
Les essais sont concluants
Le constructeur à dollars articulés me confie
La Formule Un du moment
L'Alsace à culbuteurs excentrés
Dernier cri de la technique
Tiens-toi bien Lauda
J'arrive
Je gagne
J'arrose

(*Inédit*)

FAUDRAIT QUE JE VOUS LE DISE

L'ambiguïté me polarise l'esprit
Je ne sais pas ce qui m'a pris
De lui dire tout cela
J'avais envie d'y croire

De dynamiter l'idée reçue
De me regarder plus à fond
De me voir derrière son regard
Tout soudain je me suis retrouvé
Le cul dans l'eau
La pensée s'est frigorifiée dans la chambre froide
De l'abattoir du cœur
Le pistolet à air comprimé est d'une précision !
L'âme du poète prend un coup de vieux
Je me demande maintenant
Si la tache d'amertume laissée
Ne va pas gâcher les heures qu'il me reste
A vivre
J'en ai bien peur
Aurai-je seulement le temps de me tromper
Encore ?

(*Inédit*)

CHANTIER

Le roulement des 3 × 8 a été institué hier
A l'usine de la matière.
J'ai demandé à travailler 24 heures sur 24
Sur le chantier du cœur.
J'ai pensé que les fondations devaient être solides
Nous verrons après à agrémenter le décor
De petites notes romantiques et
De couleurs psychédéliques
Le patron m'a dit :
« Vous allez dormir et manger quand »
Je n'ai rien compris à ce vocabulaire
J'ai déjà si peu de temps pour
T'aimer.

(*Inédit*)

JE N'AI RIEN VOULU DIRE

(...)
Loque
Truc
Histoire de fou
Mon colonel
Repentez-vous mon fils
Merci mon frère
Tous
Unis
Contre
L'axiome.

(*Inédit*)

Robin MORLOT

Quelqu'un vient peut-être.
Son ombre se déplace en douceur.
Il est là, derrière chaque arbre.
Possible...
L'enfant se souvient qu'un homme riait avec lui sans
se douter que l'heure basculerait si vite.

(*Pourquoi dire*, recueil ronéotypé)

Le silence assaille le dernier
cœur en vie.

(*Pourquoi dire*)

J'ai besoin d'un chemin au-delà de vos routes.
J'ai besoin que vous ne sachiez pas mon nom.
Oui, monsieur,
je n'ai le nom de personne.
Monsieur, pour quelques instants noirs sur votre
carte, j'ai dit : — Heureux homme ! — à l'un
d'entre vous.

Depuis plusieurs jours, il pleut.
La porte jaune refuse le silence.
Des fleurs sont idiotes de tous ces
jours.

Ici, la vie, avant même la naissance, marie
futur et contentement.

Monsieur,
votre train partira demain matin, à cinq minutes
d'ici.

Que peux-tu me dire d'autre, ravissant, heureux
homme ?
Je n'ai le nom de personne.
Heureux, heureux, heureux homme.

(*Les Impossibles Fuites*, recueil ronéotypé)

(...)
Les bras se chargent peu à peu de vie.
Les vents ne gercent plus la peau.
Un regard est suffisant pour aider à
mettre au jour les songes qui battent
l'intérieur depuis si longtemps.

Il n'est pas besoin d'autre parole,
jusqu'à la limite du contact.

(*Les Impossibles Fuites*)

(...)
les vitres allumées éclairent
la rumeur montante des pavés dépolis
on entend raconter des histoires infiniment
belles

la mère raconte à l'enfant l'histoire de l'enfant
la mère dit à son fils l'histoire de son fils

un cœur déployé se pavane OR

en ce temps-là le long des cathédrales se croisaient
des humains
sur la place des naissances tracent la piste
des chevaux du désert
ainsi était la parole de n

(*Les Impossibles Fuites*, recueil ronéotypé)

Gérard NOIRET

27

Ta voix dans l'amour frôle la clarté jusqu'au chant tu
nécessites plus d'oxygène mes
mains naissent à tes tempes

D'instant ce fut sexualité digitale Alors nos pièces
retournaient au désert présent soumis dans une seconde
de nature
morte les actes y sèchent et tout envol

anxieux et nous à la fenêtre d'un éveil

D'une chair de Nil ancre jetée dans ce clapotis d'habitudes
Où la statuaire s'étonne encore d'avoir une ombre
tu comme un nuage me dit me dit vouloir
que cela dure longtemps J'arrivai

A toi au bout de mes veines et toi flamme prise
dans forme de souffrance braise métaphorique de ton
quotidien tu étouffais

A nos souffles unis d'instants ce fut ivresse de sarments
ivresse de nuées au même soleil levant meubles
réactivés
ivresse d'angles de rythmes en surface
d'instant ce fut ivresse d'instincts soudaine

Prolifération dans le mouvement D'instinct ce fut
ivresse d'instants subtil effort de dilatation qu'imposent
au présent tes prunelles subit effort d'activation
qu'impose aux rayons ton battement

D'instant ce fut ivresse d'instincts Les persiennes
n'en peuvent contenir les promesses Pleine force de l'arc
mille fois je meurs ta jambe corne de la Licorne

EFFUSION

(*Inédit*)

---

comme le silence la page blanche un cri au
maximum de ses possibilités élastiques

(*Soleil Jara*)

... je voulais t'écrire...

sur ce lit
défait
souple
chaud
pareil à nos muscles

l'aurore nous apporte
des galettes de blé dur

tu balbuties
j'essuie tes lèvres
et te soulève
ô fragile

comme si tu devais
mourir d'une leucémie

(*Soleil Jara*)

---

11 septembre 1974

on ne torture pas
ICI
rien de perceptible

mais ces paroles dans les cellules
ces questions aux meetings

(*Soleil Jara*)

---

j'écrivais comme on
souhaite le grand écart voire se rompre à
chaque pas perdre son encre
j'écrivais

fendu vertébralement aujourd'hui souffre dans sa mine

(*Soleil Jara*, éditions Saint-Germain-des-Prés)

Jean-Jacques NUEL

Séduire, au lac lié de son désir, voici la morale de l'idole. Jamais elle ne thésaurise les fruits de sa gloire, mais elle en devient plus conséquente et mobile sur le monde.

(*Spectre*)

Je te parle de mes nuits, tu les imagines, Sylvie, à la lumière de ces écrits, des nuits d'alcôve solitaire, sans ciel, brûlées du blanc de mes insomnies d'esprit, des nuits bloquées comme des clichés. Imagine un soleil cloué au ciel qui vide nos yeux de leur substance. Pense à un état coincé, ivre et figé, où le temps s'est cassé. Mais ces images sont fausses ; tu dois freiner ta pensée pour me voir.

(*Spectre*)

C'est un spectacle divin, la guerre est merveilleuse. Des gouttes de sang fusent et crèvent sur la vitre du ciel. On y lit la guerre et le stupre. Dans ce trou du ciel je t'appartiens ; c'est un soleil creux, le cadavre vide d'un ange jadis ailes et os, le lit de ciment damé de l'espace où *damé* l'espace a crevé une poche, une fente bée qui est le point secret, irrévélé d'où basculer le monde d'un seul coup d'ongle. J'ai goûté cette geôle, Sylvie. Le monde ancien meurt ; le trou que j'ai créé, comme une brûlure de cigarette ou une maille défaite, gagne de proche en proche cercle l'espace infini. La vie s'éteint, gommée, rongée par ce cancer — cependant que du centre dur de ce trou, du centre exact de ce vide qui prolifère, naissent des êtres animés matérialisés de mes désirs. Il y a en nous, Sylvie, dans la liqueur mêlée de nos âmes, un univers neuf. Tu ne peux plus me quitter sans tuer la seule chance du futur.

(*Spectre*)

Sur les murs de simples affiches promettent le rêve. Elles sont là, comme la peau du rêve même ; et notre seule chance est de les lacérer.

(*Spectre*)

---

l'écriture,
nocturne, le désert
traversé à la craie.

crispé,
il fore son île

(*Spectre*)

Je suis obsédé de ma douleur, de la théorie de ma douleur, je suis obsédé de ma propre théorie. Ces mots que j'écris ne sont pas ceux d'un poète mais ceux d'un être visant au plus juste son état et qui fit maintes fois affluer de sa langue la réalité de son état.

(*Spectre*)

Nuit blanche et recluse, un pâle film, cet écran que je crus ne jamais franchir et d'où décalé je te parle à cette heure. Ce sont des pages qui me sauvent, de réelles écritures, et sais-tu à quel point on est près de renoncer lorsque la vie ne se décale plus, obstrue la lumière. J'ai goûté cette geôle ;

et mon corps pris dans le cadre et l'eau de la pellicule, j'ai hurlé derrière ces vitres, ces studios vitrés, ce verre que rien ne raye.

(*Spectre*)

Nous gisons sur des lits de photos, images tombées du film obscur. Nous errons parmi ces dédales d'images mortes, et jamais nous n'y reconnaissons notre visage. Quel est ce scénario si loin de nous et qui garde au secret son sens ?

(*Spectre*, éditions Chambelland)

Didier POBEL

Le jour n'a pas d'autre mémoire que celle de notre linge — cordages, misaine — mort sur l'osier du siège. Ton bracelet sur la table cerne un poignet de nuit. Noir ou mort, ton bras n'est plus ici, mais dans mon rêve, il se plie, se déplie, cisaille encore une fois les peines profondes.

(*Le Chemin frayé*)

Même pas nous seuls. Couple ou corolle.

Même si notre regard passe
avec des serments sur les choses,
sur nous qui tremblons.
Mystères, succions.
Un geste rare et c'est là que
commence la continuité.

(*Le Chemin frayé*)

Chambre déjà crépitante de brumes. L'espace se couche. Je ne sais pourquoi. Se cache. Il faut douter de tout, la bouche à demi ouverte où s'appuie un muscle d'air. Je vois ton repos. Peut-être est-ce ton repos ? Comment être certain quand tout est en soi, tellement serré ?

(*Le Chemin frayé*)

Ne te retourne pas. C'est inutile avec ces yeux pleins de poissons. Ne te rappelle rien. L'incident du noir commence, sans raisons. Un couteau clair trouve ton ventre, jette un rideau de cendres sur le néant. Encens, rivières, j'aime encore les mots qui toussent.

(*Le Chemin frayé*, Le Dé bleu — Louis Dubost)

Sophie PODOLSKI

(...) j'attends d'être délivrée et j'attendrai — jusqu'au jour où je le serai. O seigneur de nos entrailles — donne tes bons d'essence — on les filera à Bill — enfin bile — sexe — boire — bouffer — les asperges de Marie-Rose — elle voulait vendre son vison — Tytgat le jeune peignait une bonne femme enlevant un vison doublé de jaune — la fille supermaigre dans un pull beaucoup trop grand plein de poils — de plis — de trous — de plèques — madame — une longue gueule balance des grands cheveux. J'avais dit à tous sa pine est une montagne — JE — je — je l'aime beaucoup — c'est la bonne combine qu'on voudrait voir se monter — la pine — il y aurait plus de gens qui nous feraient des bons flashs — on apprendrait à laisser tomber les autres. (...)

(*Le pays où tout est permis*)

(...) Mon liquide vert se trouble dans mes oreilles je sens que je perds l'équilibre — un arbre — vite un arbre peint en rose comme j'aime dans le vert acide tendre comme le rose acide — politique des nerfs — politique intérieure des nerfs — guerres civiles — C.I.A. Vivre avec toi. Vivre avec toi. (...)

(Le pays où tout est permis)

(...) L'approvisionnement des marchés — des restaurants et des magasins d'alimentation représente un effort technologique qui engage la vie de millions de gens — que se passerait-il si cette énorme masse « désertait » la société pour la combattre — les militants — sont-ils prêts à prendre ce type de considération (pas devant) SANS ACTIVITÉ IL N'Y A PAS DE LIBERTÉ. Si on abolit l'argent le monde actuel tombe en ruine — et c'est à ce moment-là qu'on pourra refaire une économie qui ne serait plus de l'économie politique — une économie basée uniquement sur les besoins — (divers et non pas seulement matériels) — (FRANK ZAPPA) — Laisser les écailles de mescaline changer de couleurs. (...)

(*Le pays où tout est permis*)

(...) les maisons sont tellement hautes qu'on ne voit pas le ciel — dans un de ces tunnels du linge accroché sur des cordes à linge sèche — des draps — des culottes — des chemises — des essuie-mains — des chaussettes — des jupons — tout... blanc. D'une fenêtre deux créatures s'échappent — Dieu le sait — ils s'engouffrent dans le tunnel — arrachent le linge propre — le jettent dans les flots saumâtres puant la civilisation — s'accrochent sans se salir aux grosses cordes à linge — et baisent en avançant toujours dans le tunnel sombre en se léchant — ils écoutent le bruit des gouttes d'eau qui ruissellent le long des murs — au fond une lumière bleuâtre des lumières rurales clignotent — Qu'ont-ils encore installé — ils aiment ils croient aux étoiles — dans cette ville plus personne ne croira aux étoiles. No pusher here — no puff — puff — puff — smoke — smoke — smoke. Il disait : ha ! je voudrais pouvoir mettre un matin dans son café un flacon de laxatif pour qu'il reste trois jours sur le pot. Il doit baiser mal — il saura ce que c'est que l'amour — il dira : maintenant hélas — je sais ce qu'est l'amour. Il n'est pas nécessaire d'être prétentieux — MORROCO — ni même d'être snob pour écrire — ACAPULCO. Ce sont des gens différents qui seront horribles — Oshawa (...)

(*Le pays où tout est permis*)

(...)
J'avais dit à cherarg — à Gérard pardon Hp ! Docteur Ship are you really here ! pour un petit bout d'opium à sucer tu dis n'importe quoi, il est pas mal le nouveau nez d'Elizabeth, je suis vendeur d'Op moi — c'est tout + prosélyte ! Chausseur ! + il n'est pas de sot métier + quelque chose pour la radio play + à propos du surréalisme + encore du W.W. et dire qu'Octave lui avait envoyé quatre plaquettes avec sa lumière orange + mais c'est vrai qu'on n'est pas obsédé par la came nous ! comment vont les amours dit Claude Blonde (la tante...) + à la seringue + puis je lui ai affirmé sur l'honneur que quand je serai riche je lui enverrai plein d'op bien emballé pour son affreux masque de junkie + tout ça + tu sais que la vente de l'op est en baisse ?

HENNE

POURQUOI LA SOLITUDE DES HOMMES peut-on changer la Paix perpétuelle... Justice maintenant ? MAL : contrepartie du bien — la Philosophie la Science les Religions ont déjà exprimé à maintes reprises leur point de vue — Mais la réponse complète exige une EXPÉRIENCE TOTALE de la VIE (J) Notre mouvement est appelé aujourd'hui à établir une communauté universelle au-delà de toutes les barrières — avec une connaissance profonde des causes et des moyens — une existence NOUVELLE EST VÉCUE — DES RÉSULTATS SONT ACQUIS LES PIONNIERS DU NOUVEL ÂGE VOUS INVITENT... les mardis et jeudis à 20 heures les dimanches à 10 h 30 : 16 bis rue des plantes Paris 14e (1 + 4 = 6). Tél. 734 19 27 — métro Alésia les mercredis à 20 heures, 7 rue Le Sueur — Paris 16e — 2e étage — métro : argentine — entrée libre. Allô le slan a disparu — « la motocyclette » — André Pieyre de Mandiargues — pendant une nuit de tempête — Metzengerstein — sortant d'un lourd sommeil — descendit comme un maniaque de sa chambre — et — montant à cheval — s'élança en bondissant à travers le labyrinthe de la forêt — Edgar Poe. I. Maintenant que les cris d'oiseaux se sont tus — et qu'il faut faire attention à conduire prudemment la motocyclette — car un cycliste pourrait déboucher comme un fou à cette heure où les rues n'ont pas de circulation. Rebecca Nul se détache peu à peu du rêve avec lequel son départ est si étroitement lié qu'il se distingue à peine des choses de la nuit.

. . . .

Seulement sur la terre il y avait des réveillonneurs pantelants de mal aux dents ALBERTO quand il rigole il est pas mal mais c'est une folle à l'acid qui boit de la bière est saoul comme à moi une âme sèche que tu me passes au lit de la marquise journaliste. Ah ! le jouet qui s'éveille merveilleux comme une gouinasse épouse toute flatte chimère Z-I-A-U-vaginalement espritalonner le pouvoir masturbateur du Most Beautiful Alberto — Rolls — et Jaguar obligatoire la pancarte qui me fait le bon flash qui me prend l'espace temps speedly-mescalinien — cire — gogol.

. . . .

Donc la législation de toutes les drogues et leur juste distribution dans tous les pays où elles sont utiles — c'est dur — car peu de gens savent bien se tenir en trip — et même plus : la plupart sont tout à fait bêtes — j'ai été neuf ans à l'école — ce n'est pourtant qu'au Thalamus que j'ai compris. J'en ai marre depuis longtemps — sans doute encore pour trop lontemps — *essai sur la folie : ...* me gêne ce n'est pas le cerveau c'est la vie — je crois qu'aimer c'est pouvoir accompagner l'autre dans le désert sans que jamais aucun des deux ne soit disturbé (viens — viens — viens — viens — petite Suzy tu as la paix facile) — (je ne peux pas aller au restaurant) — (Wewww — très chaud — jour de soleil noir) — (masochisme blanc) (ce n'est pas plus ma faute si mon cerveau parle tout seul que s'il pleut) — Bien sûr on ne peut pas regarder Andy Warhol dans les yeux. The Velvet Underground — sont tous morts d'héroïne — le tunnel qui est à la place de nos visages même quand l'un de nous est en face de l'un de nous autres — a very rock week-end — ô — god in the other side only keep — c'est ta matière grise qui porte ton nom car on s'en sert — j'écoute Dieu — je porte son secret — Dieu est dans le speed — Why a speed WAY ?

(*Le pays où tout est permis*, Belfond éditeur)

Gilles PUDLOWSKI

HALLES

Marges d'eau de la nuit. Calebasses de ruelles où butent nos souvenirs. Mort touffue dans le creuset. Corps d'un clochard sur le pavé de la Cloche des Halles. Saint-Eustache tentaculaire. Deux araignées se battent au centre de la ville. Tu te réfugieras rue Coquillière où le beaujolais de l'année coule à flots. Bruissements de sonde qui s'égare. Demain, dimanche, le quartier est désert.

Rentrer entre deux ondulations 1900 qui jouent, langoureuses, sur les touches de la nuit. Le fleuve bleu-mauve s'amuse à nous regarder vivre. Vivoter comme des mouches. Regarder cet ailleurs de l'au-delà du fleuve. Durer pourtant.

(*Inédit*)

Etre le poète de la banalité sereine / j'aurai voulu / voulu / mais les mots / les mots / dans leur simplicité / m'étouffent —

(*Litanie du blues*)

Tu te lèves à midi
pour reprendre ta place
coquille au bord du lit où se ferment les corps

bouquet de feuilles sèches qui craquent sur nos rires
nudité de l'angoisse

je dessine chaque nuit la courbe de tes hanches
je serre contre tes reins les mains du désespoir.

(*Litanie du blues*)

Appel obscur
écho d'un pays lointain

Un jour
je songerai à une histoire
dont tu sauras les quelques éléments éternels
et crois bien qu'alors
je te raconterai.

(*Litanie du blues*)

Je te saisis d'outre-mémoire
pour mieux pétrir
les souvenirs qui craquent
comme une pluie d'automne

Je te dessine
sur toutes les nuits de brume
sur les boulevards aveugles
où je te fuis

La pluie sur ton visage
n'est qu'un pardon lointain.

(*Litanie du blues*)

J'ai donné le rêve
mais je n'ai pas trahi
Je sais la pierre, le souffle qui pèse
je sais les mots
et le rêve sur l'ombre du poème
Je connais le chemin
et le sillon tracé
Mais chaque jour
j'élargis la fissure
pour mieux savoir.

(*Litanie du blues*)

HOCHGALIZEIN

Dans la montagne avide où nos mains se rapprochent
rien que ce vent qui écarte nos rires
la chute lente des oiseaux sur la plaine
et ce toit de chaume qui couvre nos voix

ici l'appel où les mots s'effacent.

(*Litanie du blues*)

Fuis le gel
La fenêtre embrumée te cache la ville
La vitre craque

D'un toit à l'autre
quelle plainte soudain s'élève

à laquelle
en secret
tu prends part ?

(*Litanie du blues*, éditions Saint-Germain-des-Prés)

HORS DU PASSÉ

Alors, bien sûr, il y a la mer et le regard épais des femmes. Le ciel qui tourne et le voyage qui n'en finit pas. Et il y a aussi les jeux des enfants sur le sable. Et le sable où les jeux prennent un goût d'algue et de menthe. Et l'autre qui rêve sur la mer et termine, sur la fuite des vagues, la course du regard.

(*Inédit*)

Jean-Louis RAMBOUR

Une bougie,
le croissant d'une guitare.
Elle ne marchait donc plus
ou parlait à voix basse
de choses rares.

(*Récits*)

9

Descendu d'un rêve.
Les tapisseries sont pauvres,
la porte a son grincement ;
soit quelques marques
de solitude.
Par quelqu'un,
la brève impression de rencontre :
un geste vraiment dirigé.
Or le hasard présent,
et plus tard,
des raisons d'inquiétude.
Comme est la douceur, alors,
de la main sur les murs.

(*Inédit*)

Pourquoi avoir parlé de tout
comme voulu occuper un mur avec la main.
Nous avons à nous dire « jeunes »
et c'est étonnant.
Nous avons à dire
et ce soir
combien la lune est pleine
et demain, aux autres
de parler aussi,
en sachant qu'ils ne pourront pas tout dire.
L'angoisse, en exemple,
et la beauté si rarement.

(*Récits*)

Toutes deux,
l'une plus âgée.
Quelques murs plus loin, on a posé un livre
tout en tremblant encore du bruit soudain
d'une voiture.
Elle en aurait bien aussi parlé
mais ses yeux ne se résignaient pas encore.

(*Récits*)

La femme au panier agité
sa douceur pour détourner la tête
juste au moment
où ses yeux se passionnaient.
La maison, chacune a son numéro :
la rue, vide et propre, résonne

du bruit d'une porte d'entrée,
et dans son panier,
tout est pour elle.

(*Récits*)

Sous la chaleur
la passion étant perdue,
les vibrations de la voiture
sous la chaleur
imitant le froid,
à sentir la forme
de ses propres lèvres,
sa propre peau fragile,
le plaisir vient alors
en soi-même
avec la certitude
d'une mort seulement
prochaine.

(*Récits*)

Ils ont les gestes rapides, fougueux
qui malmènent les vêtements
de leurs corps ;
la laine glisse chaudement
et se forme aux sauts.
Ainsi les manches qui s'éloignent
des mains,
le poignet blanc qui parcourt une joue...
comme si un sourire ne se formait
que les bras tendus

sans plus de corps détachés :
sourire, mains, ventre étroit,
et une étoffe juste assez fragile
pour que les jambes
puissent prendre la pose.
On s'habille maintenant pour être beau encore.

(*Récits*, édit. Saint-Germain-des-Prés)

Les « 1 », la boucle plus maladroite
comme dix ans plut tôt :
longtemps
livre
lendemain
les fades folies.
Pourtant, on se croit sensible
autour des yeux.

(*Récits*)

Florence RUFFIN

LE RÊVE V

Le souffle de la mer se blottit dans mes cheveux
De neige rouge
De neige couleur du ciel d'orage en été
Quand la fleur penche sa tête trop lourde
Comme un vase trop plein
Sous la pluie ardente qui bat tes flancs offerts.
Petite merveille
D'opaline,
Serrée entre mes doigts marins,
Mes doigts d'algues,
Carmins comme le rouge de tes lèvres,
Le rouge qui coule de ta blessure
Amoureusement blottie entre mes mains
Entre tes mains
Entre nos mains unies.
Petite bête craintive
Dont le cœur bat contre mon sein
Et que je serre,
Et que je presse
En une caresse infiniment brutale et douce.

(*Les Oiseaux noirs*)

L'ANGOISSE IX

Un saxo qui pleure dans l'ombre
Bleue du projecteur
Et sur la scène le ventre débridé d'une grosse caisse

Qui palpite
Comme un oiseau de nuit dont les ailes
Se heurtent
Aux murs du silence.
Oh... Agonie lente
Des notes sur les fauteuils vides et
Des rythmes sur la cuisse nue
D'une fille des rues qui frémit dans sa jupe
Ouverte.
Sur le piano qui émerge de l'ombre ardente
Des mains noires glissent
En harmonie. Légères et frissonnantes
Comme des mains d'enfant.
Le saxo se lamente et toujours
La grosse caisse lui répond à l'autre bout
De la piste violette.
Un chanteur noir se réveille
Derrière le piano silencieux.
Par terre en face
Une prostituée illuminée a pris
Dans ses bras potelés
L'enfant mince des nuits

Le petit gosse aux cheveux bleus
Qui a la bouche amère et les lèvres coupantes
Et baigne de sang ses baisers amoureux,

Et le sang qui sent bon le frais, la rose,
Et l'inconnu,
Vient couler lentement sur cette jambe nue
De la fille des rues qui a la jupe ouverte.

(*Les Oiseaux noirs*)

L'ANGOISSE VII

Je suis un astre mort
Et pâle comme un spectre
Je tournoie dans le monde insolite de mes
Cinq sens désordonnés
Je promène mon halo mortuaire
Parmi vos cantiques et vos pleurs et vos larmes
Je suis un fruit crevé qui reçoit vos prières
Et vous offre la lumière de sa pulpe juteuse.
Je vous damne, mes enfants,
Je vous mange des yeux.
Je malaxe vos chairs dans l'antre du plaisir,
Je fais de vous une pâte !...
Oh, l'insulte ! Une pâte vulgaire...
Ne vous méprenez pas sur mon sourire chaud,
Sur ma face jaunâtre et mon sourire glauque ;
Surtout ne riez pas !
Je suis un astre mort
Et pâle comme un spectre
Je tournoie lentement au-dessus de vos têtes,
De vos charmantes têtes qui vont
Se putréfiant...

(*Les Oiseaux noirs*, Saint-Germain-des-Prés)

L'ANGOISSE 1

La lumière s'en va comme un râle sur la plaine.
Les arbres ont déchiqueté l'oubli.
Dans la chambre surchauffée où je me surmène, à cracher la vie !

Maintes fois étendu, retourné, relevé,
mon corps réfrène toutes les palpitations
Qui le font frissonner, se cabrer, ruisseler.
L'œil hagard ouvert
Sur la mutilation la plaie l'entorse la gangrène,
Qui suppure à son aise, au milieu de ma chair.
Malade. Et ma bouche articule des gueulantes de chienne
Des gueulantes pour la lune, pour Jésus, pour le Père !
Ah ! Seigneur !
Ce que je vous em...
... mène en promenade parmi les labyrinthes de ma
décrépitude.
Vous me voyez de sang noir au milieu de l'arène,
Couvrir toutes mes fautes, mes crimes et l'habitude
D'insolence retenue en colères sournoises
Ou claquée à la tête de ces macaques bornés
Qui ornent les piloris de notre société et dégoisent,
A l'envi,
De vieilles cantilènes déchaussées de pudeur.
L'ivresse désemparée me tient la bride au cou,
Tandis que l'étalon se dandine et s'esquinte
A vouloir s'approcher de la mer ;
Du soleil et du vent ;
A vouloir s'enfuir du chemin puéril et sans joie,
Où l'enfance malade se retourne,
Sans espoir et sans foi.
De la nuit remuée à chaque heure monte un râle
Qui s'exhale lentement — un ton triste et blâfard -
Comme une vieille musique de chevaux de bois,
Aux crinières violettes et aux longs yeux hagards,
Calmes et graves,
Dans la nuit qui s'apprête et qui part.

(*Les Oiseaux noirs*)

Bernard SCHLURICK

(...)
verluisance piégeuse
aura de mon je corsaire
                                        j'esperme
écumant ma mer
                                        aux commissures sans issue
lors viens de mes lueurs
corps viens vers mes sueurs
à l'ossuaire falot
viens soleil d'or et déjà mort
                                        aux dents
et que les flots te croquent.

(in revue *Mal d'Aurore*, n° 2)

HYMNE AU CORPS ACCORT

Chère offerte
charnelle offrande
je vais t'écartelant
pour mieux que tu m'enserres
inséré sans appel
dans le trouble dilemme
d'être ou d'avoir pris.
Larguant l'amarre qui te rattache
au port de l'être-toi
je t'embarque de force
sur un vaisseau qui s'en va
droit au souverain naufrage
où la tempête très lascive

nous voit sombrer dans l'obscur
couler jusqu'aux bas-fonds de l'Etre :
je te viole à la fureur
qui sanglote un sang noir
comme les menstrues que je bois
à la santé de ma folie
je te viole à la violence
de l'archet qui macère
les cordes pénitentes
d'un coupable violon ;
je pétris ta chair
pâte à modeler mon désir
je te bénis au point du jour
en boulanger qui fait son dieu
ô levain qui se lève
au lever du fabuleux
soleil assombrissant :
ton corps a des grandeurs
inaccessibles à l'âme
PENETRABLE MYSTERE
ta plaie se rouvre
en corolle éclose
à ma langue butineuse
qui pourlèche à plaisir
la résine et le miel
suintant du tronc fendu
au bas noir duquel
alléché
JE TIENS MA LANGUE.

(*Le Sein des saints*)

Jean-Pierre SIMÉON

X

je te désire
à travers le jour dilapidé
limites du passage

nos regards s'éprouvent
dans la chaleur de l'obstacle

voici le lac dans mes paumes
et le long ensevelissement de tes cheveux

(*Inédit*)

II

fouir l'espace

neiges accouplées
dans le sillage des lampes froides

bételgeuse au miroir
achève sa transhumance

multiple de l'espace
en ton ventre la vague
aura mûri les astres

(*Inédit*)

VIII

en un éclair l'oiseau
découpe dans tes veines
la lame d'un ruisseau

jour extrême
arche fascinée
par le torrent continu de ton corps

l'amont du fleuve
glaive sous la langue

pour quel gréement de feuillage et de plumes

(*Inédit*)

XV

peupler de vignes blanches
l'aube des salamandres

la lèvre des ruisseaux
se gorge de fruits neufs

chaque instant s'amenuise
dans l'abrupte clarté des corps

des pierres fragiles
ont envoûté ta voix

(*Inédit*)

Hamid TIBOUCHI

ciel rubicond nuit blanche
à la minuit violer walkyrie
éveiller souffles d'abeilles taquiner folie
du regard chatouiller algues du sommeil
dans nos mains rousses coucher mer
farouche briser miroir jaillir fleur bleue
rêver saharas accroître libertés
lutter atroce défaire lits provoquer remous
fourvoyer prunelles fourmiller nos corps
de désir s'ébrouer forêt faucher doutes éclatés
semer murmures gémissements d'alcôves
volatiliser ciel inquiet noueux
débusquer colères couvant dans les seins
fuir non demeurer attiser foyers allumer
incendies
tâter collines caresser planètes y mordre goulu
fendre savanes pénétrer îles chaudes de torpeur
cratères insoupçonnés réveiller végétations
égréner rosée prendre ailes
abolir tabous capitonner sommeils
fouiller fouiller profond
la terre de nos désirs
prendre feu.

(*Soleil d'herbe*)

---

sommeils que hante chair
et priape des abysses
en ce temps d'avant-printemps
la fonte des neiges couve
sous les caméléons du ciel

sommeils au bord des pubis
à l'oreiller des seins
mordus de cheveux nuit
coupés de lilas énigmatiques

filles vous êtes cruelles
qui tapissez nos chambres
de vos regards de vos murmures
jetez vos parfums à tout vent
promenez vos dieux à hauteur
de nos amours-propres
brûlez les yeux les cœurs
claquez de vos talons

jusqu'à
la douceur aiguë d'entrecuisse
l'érection d'entre-broussailles
le feu d'entre-pétales-de-roses
jusqu'au piège tendu
de l'hymen traversé
de l'éjaculation.

(*Soleil d'herbe*)

VINGT NOTES POUR UN SOLEIL D'HERBE

(extraits)

5.

quand tu ouvres tes yeux
j'entends frémir la nuit
regarde
le soleil fourmille dans nos mains nues

et fayrouz célèbre nos retrouvailles
il nous faut nous délivrer du rêve
mais

15.

ton oreille cratère
au suçon du lobule
tu te débats sous moi
intrépide ma langue roule brusque
sous le tragus
tu t'affoles
perds la tête le souffle
tes tempes volent en éclats

(*Soleil d'herbe*)

IT'S A BIRD

et la musique l'empoigna
et le tordit et le cambra
et il vendit son âme à diable
le feu le prit par la ceinture
l'eau lui coupa les jarrets
l'air s'engouffra dans ses oreilles
et dans sa bouche
la terre le porta longtemps puis
le chavira un soir dans les étoiles
l'arbre retint sa respiration
le singe mordit la noix
le poisson dans l'eau fit des bulles interminables
et l'oiseau chanta.

(*Soleil d'herbe*)

ASSEZ DURÉ

assez duré
cette existence de quat'sous
où l'on s'acharne à entretenir le vide
à fixer un bonheur factice
assez duré cette loque de vie sans cesse rapiécée
cousue de leurres
d'espérances saccagées
d'espoir en des lendemains
qui déchantent
de croyances en des dieux
absents
assez duré cette illusion de progrès
alors que nous sommes en proie à l'immobilité
assez vu d'ordures d'injustices de mutilations
de vies-sandwiches de singes en rut
de filles à voix d'homme de mains tendues
le long des trottoirs réclamant
un petit bout de ciel bleu même en conserve
assez vu de soleils blottis
à l'ombre des cités
assez eu de coups de brimades
de rêves ravagés d'angoisses de délires insensés
assez eu de fièvre pour
du vent
assez offert mes mains mon cœur aux ronces
assez cru en des jardins précaires
assez marché sur cette terre mouvante de mirages
assez
(*tant de peine pour*
un désarroi
en si peu
de temps)
la cigarette se consume et nous sommes *dans*

je pars vers les lieux de moi-même
vers ma solitude, mon ulcère, vers
la dérision

je pars
et je t'aimerai toujours
mon amour au cœur d'ortie
plus rien à faire ici
pas même pleurer
pas même hurler
plus rien
que longuement fixer les deux petits trous de mes
    chaussettes mystérieusement nés des ongles de mes orteils.

(*Soleil d'herbe*)

III

j'ai beau rire
mettre geste sur parole
m'inventer une démarche plus gaie de préférence
je reste qui je suis
un homme pétri d'argile
crû entre les bombes
entre deux âges
au regard déjà las d'absurdes mutilations
ma mère au pied du lit veille sur moi
plus soucieuse d'elle-même en vérité que de mon
    destin
quand tout bonnement j'inaugure ma fin

(*Soleil d'herbe*, éditions Chambelland)

Pascal VAN DER VREKEN

Spleen de nos existences truquées,
spleen de tes décors défigurés rocky,
spleen, grand revolver de sang
braqué sur les enfants des banlieues.
Active déchéance.
Le bonheur n'est jamais qu'ancien,
harpon planté comme un sexe
(toujours y revenir à cette pénétration)
tourmentant des eaux de femme.
Une main cadavérique a dénoué
des nœuds de paroles dans ma poitrine rauque.
Autopsie savante pour de jeunes shootés
aux myriades de seringues crissantes sur leurs bras.
Quelque part, de beaux enfants caractériels
se plastiquent alchimiquement
dans la camisole de force
du genre H.L.M. et terrains vagues.
Je les entends accepter le rêve carton,
alors que des corbeaux de haine se posent dans le crâne
des aînés criant les mauvais présages
à ces gosses sans légendes.
Faces adolescentes décapitées,
patte tarentulaire,
iceberg veinuré d'opium
couleur charnière,
yeux d'alcool, craquement des os poudreux
salivés dans la gueule des monstres.

(*Inédit*)

La femme renversée sur la moquette. Le pied transpose une vision de désir, plus loin que le soulier crissant. Le mouvement même est retenu, élargi, discerné entre les cils. L'ombrage des gants noircit ses yeux, silhouette sur abat-jour.

L'empourprement est proche, la rougeur bulleuse épanouie dans une fente pressentie à tâtons.

Quelque chose se brouille, quelque chose se froisse, une crinière dentelée peut-être

non, l'étendue seulement.

La flaque, le filet de sang qui scie la chair, une encre qui s'étale, une voix buvard.

Non. Que du bleu. Uniquement du bleu.

(*Inédit*)

RENDEZ-VOUS D'HIVER

Encore des visages d'effroi
qui se décousent dans les cafétérias, fêtes foraines,
avec leurs accessoires pour suicider la peur,
des visages veinés de langues pour laper le bleu,
et les cheveux qui tressent des paniers d'osier
où s'enferment les rires.
Parachutage des confetti sous les réverbères.
Il neige tout drôle au fond des yeux
des petites filles brûlées
aux sexes saxophones.
Mon cri.
Je mitraille la mort, roulé sous la table,
saoûl de l'odeur pénétrante des femmes noires,
des grimaces de leurs jambes luisantes
de l'huile du désir,
et je timbre de mes enceintes
les flocons circulaires vomis de l'entaille,

blessure décousue de l'argile,
dame métisse crissante du diamant gonflé
que je cisaille des dents.

(*Inédit*)

MA PETITE FILLE

Colombe susurrée, à toute vitesse heurtant le ciel,
horizon où le rire mesuré flambe,
frôlement.
Maintenant que les mains s'emparent du sexe,
pétales bancals, diaprés d'afflux,
visage, te souviendras-tu de ton masque ?
Jeune homme tout en noir,
violé au glissement de l'artère ultime,
inévitable, et qui a peur.
La noirceur arrachée du tronc des arbres,
touffe criante de sa sueur, buste,
frémissement des ventres gravides
qui enneigent la vie.
La conscience soudain qu'on est plusieurs,
femme, homme, que tu n'es plus moi,
femme, monstre inconnu, différent
qui m'extirpe ce bleu essentiel à ma respiration,
dame aigue-marine,
l'approche de ta langue à mon sang,
ballerine, et ce calice à couler de mon alcôve ;
ces mains atrocement fidèles
où s'improvise la soif de l'iceberg qui brûle.
Ce corps dénoué de ta viande,
avorté de ta débâcle,
toi qui me laisses les larmes
et la gaze des silences perpétués.
Et que je t'aime dans toute cette maladie,
à ne savoir que moi plus proche de toi.

(*Inédit*)

Cœur, chiffon mouillé,
cette figure enneigée de pâleur,
barbouillée de caresses, isolée,
et qui s'épie dans la profondeur des vitres.
Et je dois rompre l'immobilité des odeurs,
déclore l'équilibre brutal du silence,
l'avance sur moi des parenthèses et des regards,
marcher loin des vestibules, loin des corridors,
des musées mortuaires où l'on regarde de trop ou pas assez,
comme dans ces vieux hôtels aux grilles en fer forgé.
Et je dois crisser, cliqueter dans ces distances
que greffe un tic-tac douloureux
à l'espace que je danse et qui me fuit
dès le premier mot, le premier soupir.
Guetter les visages qui balbutient l'étonnement
de ne plus rien savoir,
que l'engelure des teintures qui polient ma peau,
que ma bouche gonflée qui fuit sa morsure,
le geste baroque syllabé aux collants moites
des dames blanches,
ricochantes entre rire qu'il faudra bien briser
comme on brise une cicatrice,
et cette chair peluchée
qui tresse sa tristesse...
Marienbad.

(*Inédit*)

Jean-Louis VINCENSINI

Comprendras-tu
Au brouillon des semences
A la cire des secondes
Ce point aveugle cet instant de sang muet
Entre la mire et l'œil
Et ce vol de pics-verts
Oeillets de carnaval
Comprendras-tu, ma foraine de chiffons,
L'eau à boire
La main pour découvrir
La nuque. Le poids du blé
Et le pouls lent des arbres.

(*Moulin à seigle*)

Ton souffle à mi-chemin
Entre la vie la blessure et la mort
La table
Et l'araignée éventrée qui s'y traîne

Peut-être
La droite parfaite de la mort.

(*Moulin à seigle*)

CAFÉ DU RETOUR
A PHILIPPE DAVAILLE

Dix heures-minuit : Café du retour
Et des bras gris qui l'agrafent à chaque instant au comptoir
Doigts chauds des buveurs de cognac
Sur le bleu de ses poignets
La même nuit qui tombe — Recommence
Sur le zinc clair de ses joues

Dix heures : même matin de journaux dépliés au hasard des détresses
La rose sombre d'une auto
Dans le brouillard d'une muraille
Sans cesse la marée des flippers aux dentelles de ferraille
Quatre morts sur le verglas
Et par-dessus le marché deux enfants aux casquettes écossaises
Aux sourires troués de bâtons de zan.

Dix heures : Café du retour
Ses genoux brûlants comme une maladie d'hiver
Sa mémoire lourde de commandes anonymes
Se serrer un peu contre le percolateur italien
Pour sentir sur le ventre la chaleur grise de la vapeur.
— Un instant —
Ensuite
Le labyrinthe profond des tables
L'éponge froide qui tourne et ce regard
Qui suit

Dix heures : Café du retour
Elle sent la journée qui commence comme une saison très longue
Et les premiers verres qu'elle essuie
Sont fragiles comme des fleurs séchées.

(*Moulin à seigle*, Saint-Germain-des-Prés)

BIO-BIBLIOGRAPHIES
par ordre alphabétique

Deux questions ont été posées aux poètes :
1. *Vos obsessions actuellement ?*
2. *Les poètes qui font votre joie ?*

AMÉE Jacques-Pierre. Né le 19 juin 1953 à Dakar. A publié : *Hébuternes* (éd. Saint-Germain-des-Prés, 1975, Coll. « Poésie pour vivre ») ; un Livre Unique : *1 000 Sabords — Tous les daims*, avec le peintre Jean-Pierre Le Boul'ch ; textes dans *Poésie 1*, n° 42, et la revue *Numéro Un*.

1. « *FAIRE LE CLOU partout sur le circuit choisi par ceux qui, jamais, ne se privent d'y mettre la gomme — ne pas se conduire comme un chat coupé : nourrir des regards sauvages, bâtir son nid dans le NON de la douceur maligne immensément...*

S'embarquer dans le décor (sentiments vénéneux), éperonner en plein détroit d'appréhension, la Vie Blanche, la Vie-Modèle, sûre de la coque cirée de ses média, y semer le grand air et qu'y prolifère le sens du large : « sonner le tocsin pour les cœurs c'est l'essentiel (Maïakovski). »

2. « *D'emblée : Garcia-Lorca, Maïakovski, Néruda, Ritsos, Hikmet... puis Li-Po (« Libation Solitaire au Clair de Lune »), Erika Jong, pour ce que je connais d'elle, Ponge, Pound, Prévert, Kérouac et la Beat Generation, Gaston Miron, Vladimir Holan, Giono, Artaud, Rilke, Césaire, Char et à nouveau Nietzsche, Néruda...* »

AMON Ghislaine. Née le 2 avril 1951 à Paris. Etudiante en Arts Plastiques. Depuis 1977 dirige la revue *Les Cahiers du Double* avec ses amis *Mireille Andrès, Jean-Louis Giovannoni* et *Patrick Rousseau.* A publié *Le Petit Vélo beige* (éditions de l'Athanor, coll. Présence et Regards, 1977). Textes autres dans : *Présence et Regards, L'Humidité, l'Année poétique 77, La Vie Totale, Libération, Les Cahiers du Double, Obliques* et *NDLR.*

1. « Obsessions ? Au moins une me paraît bien essentielle et de tout temps ; elle tient en peu de chose : qu'on m'aime. »

2. *« Mes poètes préférés... c'est toujours quand je ne m'y attends pas qu'ils se manifestent. La plupart : des peintres. Et les nommer me semble inutile. Nés de moments fugitifs, de confidences intimes, ils ne sont plus qui ils sont, ils sont qui j'ai voulu voir ».*

ARNAUDET Didier. Né le 16 novembre 1951 à Bordeaux. A publié *Till l'espiègle éclaté* (Millas-Martin, 1975). Dirige la revue *Zone* (art et littérature). Collabore aux revues françaises : *Aquitaine* et *Canal* ; étrangères : *Coloquio artes* (Portugal) et *Vie des Arts* (Québec). A réalisé l'exposition « Comment naît le texte ? » pour Sigma 13 à Bordeaux en 1977. A publié des textes dans *Exit, Rue Rêve, Stardust, Poésie 1*, n° 42.

1. *« Ecrire pour qui ? Ecrire pour quoi ? Questions blanches comme ces os usés par le temps. Ecrire dans l'ombre que la main projette sur le papier. Toujours la même obsession. La réalité ne produit que des images froides... Bien sûr. Mais derrière le masque des lumières de la ville n'y a-t-il pas une autre langue à fouiller ? Le silence n'est-il pas l'écriture de tout ce qui ne se dit pas ? »*

2. *« Bernard Noël, André du Bouchet, Mathieu Bénézet, Alain Veinstein, Michel Deguy mais aussi Franck Venaille, Daniel Biga... voilà quelques noms qui s'agitent dans tout ce que j'écris mais il y en a bien d'autres encore, des rencontres, des chocs, des interrogations... »*

BENHAMZA Abderrahman. Né en 1952 à Marrakech (Maroc). Critique littéraire au journal *Almaghrib.* A publié : *Le Voyageur* (La Pensée Universelle, 1975) ; *Lumières fragiles* (éd. Saint-Germain-des-Prés, 1977) ; *Portrait d'une maison* (Revue *Pro-Culture,* n° 2, 1977).

2. *« Je lis volontiers Mallarmé ; je ressens des affinités avec des poètes comme Jean Malrieu, Georges Shéhadé. Des poètes arabes comme Adonis, Badr Chakir Assiab me font rêver... »*

BERGER Anne. Née le 30 janvier 1951 à Mondorf-les-Bains (Grand-Duché du Luxembourg). Bibliothécaire à la Bibliothèque Nationale du Luxembourg. A publié : *J'ai peur du fleuve* (Luxembourg, 1969) ; *La Loi blanche* (éd. Saint-Germain-des-Prés, coll. « Poésie sans frontière », 1975) ; *Tendresse oblique* (Revue *Verticales 12*, numéros 27-28, 1976) ; *La poésie luxembourgeoise d'expression française* (Virton, Origine/La Dryade, 1976) ; *Mon corps à deux* (Differdange, éd. du Centre culturel, coll. « Mol. », 1978) ; a collaboré à de nombreuses revues.

1. « *Ma seule " obsession " — ou plutôt aspiration — actuellement : vivre une harmonie saine partagée entre mes passe-temps préférés : mon travail, la poésie, le sport de compétition et la tentation des langues étrangères. A faire évoluer le tout dans les paysages du couple.* »

2. « *Comme je vis intensément, j'opte pour l'essentiel. Je suis trop exigeante pour me contenter de me balader ici et là, dans l'œuvre entière d'un poète : il y a toujours du dilué. Certains psaumes, certains poèmes, certains vers éveillent des tentations esthétique, philosophique, amoureuse... C'est plus fort que la joie.* »

BREAVMAN Alban. Né le 9 octobre 1955. A publié sous le nom d'Alban Michel deux recueils : *Poèmes 1973-1976* (Millas-Martin, 1977) et *Terribles je t'aime* (Le Pont de l'Epée, 1980). Des poèmes dans les revues *25* et *Possibles*.

1. « *La perte de nos corps et la perte de notre temps.* »

2. N'a pas répondu.

CALLU Martine. Adresse inconnue. N'a publié qu'un livre à notre connaissance : *Notre regard tresse son filet angulaire* (Millas-Martin, 1977).

CASTEX-MENIER Patricia. Née le 3 avril 1956. Enseignante. A publié : *Flandre* (Louis Dubost, Cholet, 1975) ; *Il n'y a pas d'art poétique* (E. Thomas, Bassac, 1976) ; *Trésor du Monde* (A. Guinhut, Cholet, 1976) ; *Lies* (Fagne, Bruxelles, 1977) ; un essai : *Pierre Dhainaut, du poème au corps d'amour* (*Courrier international d'études poétiques*, Bruxelles, 1977).

1. « *Ecrire, mais qu'une vie d'écriture reste la vie : tension, lumière et ombre, mots d'amour. Essayer de rester dans l'exigence, et chercher, de tous côtés, l'ouverture.* »

2. « *" Faire ma joie " n'est peut-être pas l'expression exacte ; plutôt, voici pour moi quelques voix de " l'évidence ", lorsque la lecture coïncide avec le point le plus ténu du corps, de la vie : Pierre Dhainaut, Jean Malrieu, Yves Bonnefoy, Bernard Noël... (mais que signifie une telle liste ? Laissons-lui au moins ses blancs et ses points de suspension.)* »

CERBELAUD Dominique. Né le 15 avril 1952 à Paris. Entre dans l'ordre dominicain en 1974. A Publié : *Les Carnets du veilleur* (1974) ; *Chant du brûlant amour* (1975) ; *Dieu est lumière* (1976), aux éditions de l'Athanor.

1. « *Les interrelations possibles entre l'écriture poétique et l'Ecriture Sainte (depuis la traduction par des poètes de textes bibliques jusqu'aux divers modes de présence de la Bible dans la Poésie) ; la poésie liturgique (s'en revenir prêter l'oreille aux traditions hymnographiques anciennes en vue de travailler à un renouveau liturgique pour notre temps). Une théologie de la Beauté.* »

2. « *Philippe Jaccottet ; Pierre Emmanuel ; Rutebeuf ; Arthur Rimbaud ; Jehan Rictus ; Saint-John Perse ; Gérard Manley Hopkins ; Alain Duault ; Armel Guerne ; Arnould Greban, etc.* »

CHABIRON Philippe. Né le 3 avril 1951. Instituteur libéré de ses fonctions par radiation après cinq ans d'enseignement. A créé quatre recueils restés inédits. A publié quelques poèmes dans la revue « *Les Cahiers de Saint-Germain-des-Prés*, n° 2. Postier pour survivre. Parolier de chansons. Auteur-compositeur sans succès. Stricto sans l'sou. Heureux.

N'a pas répondu aux questions.

CHOURRY Josselyne. Née le 5 janvier 1953 à Brazzaville (Congo). Peintre en bâtiment. Anime la revue *Poésie Sauva-je.* A publié *Les Révoltés du Petit Jour* (éd. Saint-Germain-des-Prés, 1975) et *Les Gestes clos* (éd. Millas-Martin, 1976)

N'a pas répondu aux questions.

DAMIAN. Née le 18 septembre 1951. Décédée par accident le 18 septembre 1975.

DANNEMARK Francis. Né le 13 avril 1955 à Macquenoise, dans le Hainaut. A publié *Improbables stéréographes* (chez l'auteur, 1976), *Clous de girafe* (chez l'auteur, 1977), *Antarctique* (Le Castor Astral, 1977), *Heures Locales* (Seghers, 1977).

DEBENEDETTI Jean-Marc. Né le 19 janvier 1952 à Paris. Professeur de lettres. A publié : *Eau Fixe* (éd. de la Grisière, 1971) ; *Rictuels* (éd. Saint-Germain-des-Prés, 1976) ; *Avant l'aube* (éd. de la Grisière, 1977) ; *Je dors sans doute en ce moment quelque part* (Livre Unique, Saint-Germain-des-Prés, 1977). Auteur de la présentation et du choix, avec Alain CANCIONILLO, du recueil de poèmes d'enfants : *Au fond de mon cartable je cherche le mot pour dire* (éd. Saint-Germain-des-Prés, 1979). Co-fondateur de la revue *Soror*. Fondateur de la revue *Ellebore* en 1979.

2. « Il y en a peu... bien peu. Avant tout, mes amis (car il n'y a pas de poésie sans amitié) et ceux que j'aurais aimé avoir pu tenir pour tels : Benjamin Péret, Octavio Paz, par exemple. »

DELBOURG Patrice. Né en 1948 à Paris. Co-fondateur et animateur de la revue *Exit*. Collaborateur des *Nouvelles Littéraires*. A publié : *Toboggans* (éd. de l'Athanor, 1976) ; *Cadastres* (le Castor Astral, 1978). Auteur d'un *Manuel à l'usage des habitués du cinéma pornographique* (Lattés).

1. « Obsessions maniaco-dépressives : le corps, le jeu, la langue... non c'est pour rire. La mort : tout le monde s'esclaffe. Bon. Une petite lubie pour certaines actrices italiennes, une marotte pour une équipe de foot-ball de seconde division, une toquade pour les mauvais calembours. Peut-être un dada avec les crochets radiophoniques. Des tics aussi. Ne pas répondre aux questions franchement, par exemple. »

2. « Le jeune Morand, Larbaud, Cendrars, Cingria, Follain, les belges Thiry et Goffin, Robin, Frédérique ; plus près : Réda, Pérol, Izoard, Yves Martin... d'autres encore « me mettent en joie » mais pour des raisons pas très charitables... »

DESTREM François. Né le 26 avril 1957 à Paris. A publié : *Solemnis* (éd. Saint-Germain-des-Prés, 1978).

1. « L'action et le romantisme. Le déclin de la civilisation occidentale. L'angoisse de l'homme dans un univers de plus en plus rationnel. »

2. « Verlaine — Baudelaire — Artaud — Eluard — Ray. »

DONOVAN Christophe. Né le 11 avril 1956. A publié *La Guerre d'exister* (éditions Millas-Martin, 1978).

1. Principale « obsession » : poursuivre et terminer un nouvel ouvrage de poésie, que je souhaite plus consistant et moins incertain, entrepris depuis août 78 : Les Actes et les désirs. *Obsession jumelle : ne plus prêter attention à ceux qui trouvent « inadmissible » la poésie.*

2. Poètes aimés : Rilke, Breton, Ponge, Guillevic, Daumal, Jabès, Cholodenko, Ibrahim, Paz, Jouffroy, Savitzkaya, Faye, Neveu, Bailly, etc.

DUC Marie-Anne. Adresse inconnue. N'a publié qu'un seul ouvrage à notre connaissance : *Autopsies vives* (Millas-Martin, 1975)

FUREAU Jean-Claude. Né le 2 avril 1949 à Dalat (Sud-Viêtnam). Collaborateur de l'éditeur-poète José Millas-Martin depuis 9 ans. A publié *Opus pour un 8e spasmodique* (1973) ; divers textes dans les revues : *Plasma, Zone, Périmètre, Nard*, etc. A été traduit notamment dans une revue grecque. Est venu progressivement à la peinture par le biais de l'écriture depuis une dizaine d'années. Nombreuses gravures et monotypes pour orner des tirages de tête en collaboration avec des poètes contemporains. A Paris, œuvre présentée Galerie Gouffé, Beaubourg, Hôtel Drouot et expositions de groupe en province.

N'a pas répondu aux questions.

GIOVANNONI Jean-Louis. Né le 7 janvier 1950 à Paris. Assistant-social à l'hôpital psychiatrique de Maison Blanche. A publié : *Garder le mort* (éd. de l'Athanor, coll. Présence et Regards, 1975). Divers textes dans *Exit, l'Année Poétique 1975* et *1976, Rue-Rêve, La Vie Totale*, etc. Anime la revue *Les Cahiers du Double* avec G. Amon, M. Andrès et P. Rousseau.

1. « Peut-on avoir une obsession pour aujourd'hui, une autre pour demain ? »

2. « Pascal, Cioran, Bataille, Bousquet et Jean-Sébastien Bach. »

IMAZITEN Djamal-Eddine. Né le 2 janvier 1950 à El Biar (Algérie). A publié *Retrouvailles du monde* (éd. Saint-Germain-des-Prés, coll. Blanche, 1978) ; divers textes dans *Promesse* (Alger), *Alif* (Tunis). Consulter l'anthologie sur *La Nouvelle poésie algérienne* par Jean Sénac, in *Poésie 1*, n° 14, 1971.

N'a pas répondu aux questions.

KLEIN Colette. Née le 14 septembre 1950 à Paris. A publié : *Ailleurs l'étoile* (éd. Saint-Germain-des-Prés, 1973) ; *A défaut de visage* (éd. Saint-Germain-des-Prés, 1975) ; *Cécités* (éd. Millas-Martin ; Prix Jeune Poésie François Villon, 1978) ; Textes dans les revues *Evohé, Phréatique, Poémonde.*

1. « Mes obsessions ? Que dire de plus... Les obsessions pérégrinent avec les poèmes. Pourquoi les cerner, les isoler ? Au-delà du poème, c'est le silence qui tient lieu de vérité. »

2. « Les poètes qui font ma joie sont ceux qui ouvrent une brèche : le moment présent bascule et devient conscience pure. Pour-

quoi citer des noms ? J'aime lire les poètes. Tantôt l'un, tantôt l'autre. Je voudrais les lire tous, les aimer tous. »

LHOSTIS Christian-Yves. Né le 21 novembre 1953 à Saïgon. Plusieurs courts-métrages cinéma (dont *Sables*, hermine d'argent au Festival de Niort, 1971). Expositions de photographie : Genève (1972), Uzès (1974). Poèmes publiés dans *Le Rat* (1973), *Le Télégramme* (1976) et *Le Cri profond* (1977). Un entretien avec Franck Venaille diffusé sur *France-Culture* (mai 1977). Textes, nouvelles, romans inédits.

N'a pas voulu répondre aux questions.

MARTINEZ Juan-Luis. Né le 25 février 1953 (année du Serpent) à Palamos (Espagne). N'a jamais cessé de voyager depuis. A pratiqué toutes sortes de « boulots » : manœuvre, portier de nuit, libraire, porteur de journaux, vendeur de montres, etc. A publié : *Dérives* (H.C., 1971) ; *Un homme est seul avec sa tête* (éd. Perret-Gentil, Genève, 1973) ; *Le Silence et sa brisure* (éd. Saint-Germain-des-Prés, 1976) ; *La Capitulation de l'esprit* (H.C., 1978).

N'a pas voulu répondre aux questions.

MAULPOIX Jean-Michel. Né le 11 novembre 1952. Agrégé de Lettres Modernes. Membre du comité de rédaction de *La Quinzaine littéraire*. A publié : *Locturnes* (Lettres Nouvelles/Maurice Nadeau, 1978).

1. « *Je prépare une thèse de doctorat d'Etat sur la " notion de lyrisme ". Celle-ci, ainsi que les termes de " précarité " ou de " fragilité ", appliqués à l'étude de la poésie moderne, représentent actuellement l'essentiel de mes préoccupations.* »

2. « *Les poètes que j'ai eu le plus de plaisir à lire sont : Saint-John Perse, René Char, F. Ponge, James Sacré, J. Réda et P. Oster.* »

MESSAGIER Matthieu. Né le 19 juillet 1949 à Colombier-Fontaine. Principaux recueils publiés : *Manifeste Electrique Aux Paupières De Jupes* (Le Soleil Noir éditeur, 1971, en collectif) ; *Je récitatif de sang* (Electric Press Editeur, 1971) ; *Nord d'été naître opaque* (J.J. Pauvert, 1972) ; *Les Laines penchées* (Seghers, 1975) ; *Œuvres* (J.J. Pauvert, 1978) ; *Vic et Eance*, roman (Ch. Bourgois, 1978). Textes dans un grand nombre de revues.

N'a pas répondu aux questions.

MIGNOT Chantal. Née le 3 juillet 1954 à Maisons-Laffitte. Inédite en recueil. A publié dans la revue *Les Cahiers de Saint-Germain-des-Prés*, n° 1 (1978).

1. « *Arriver à plus d'humain. A plus de compréhension entre l'autre et soi. Arriver à se reconnaître dans nos différences respectives. Le corps — mon corps de femme.* »

2. « *Georges Jean — Eluard — Venaille — Jean Malrieu — Bérimont.* »

MONATE Michel. Né en 1949, à Paris. Mort en 1979. Enseignant, il a rédigé un mémoire de maîtrise présentant l'œuvre de Pierre Della Faille. A publié en 1972 *Jamais tranquille* aux éditions Saint-Germain-des-Prés. Il a été, avec Danièle Biton, un des animateurs de la revue *Les Flamboyants*. Vont paraître de lui, en 1980 : « Les poètes dans les revues », numéro 75 de la Revue Poésie 1 (consacré à la nouvelle poésie française), éditions Saint-Germain-des-Prés ; et *L'escalier est un acide,* recueil de poèmes écrit en collaboration avec Henry COLOMBANI.

MOREL Jacques. Né le 22 mai 1950. Employé de banque. A publié : *Peut-être* (Barrez Dayez, Paris, 1975) et *Qu'est-ce* (collectif Poésie, 1976). Divers textes dans la revue *Possibles.*

1. « *La liberté, voilà ce qui m'obsède, la liberté de chacun, bafouée à chaque coin de parallèle, remise en cause par d'habiles manœuvres. Notre avenir sur cette terre que nous massacrons à chaque journée faite.* »

2. « *En ce qui concerne les poètes que j'aime bien, quelques noms viennent immédiatement : Morand pour avoir su transcrire les parfums des états d'âme et des choses, Ponge pour ses leçons d'écriture, Artaud et Prevel parce qu'ils nous ont appris à souffrir et Richard, compagnon " d'épreuves ", pour son humour meurtri.* »

MORLOT Robin. Né en 1954, sous le signe du Sagittaire. A publié trois recueils polycopiés, dont *Les Impossibles Fuites* (Possibles, 1976).

1. « *Le sexe.* »

2. « *Leibniz, Fourier, André de Richaud, Lawrence, Genet, Thérèse Plantier, Claire-Lise Renaud, Alex Abouladzé.* »

NOIRET Gérard. Né en 1948. A publié : *Soleil Jara* (éd. Saint-Germain-des-Prés, 1971) et *Paysage Tremble* (éd. du Centre culturel de Bezom, 1979).

1 et 2. « *Au-delà de certains chocs (*Amers *de Perse,* Le Roman inachevé *d'Aragon,* Colorature *d'Alain Duault), c'est l'effort d'accepter de me mouler dans des hypothèses d'écriture fort différentes qui est peut-être mon plaisir principal. Sans oublier ce petit pincement lorsque j'ouvre le livre d'un auteur jamais rencontré (Tant pis pour les 9/10*e *de déception).* »

NUEL Jean-Jacques. Né le 14 juillet 1951 à Lyon. Licence de lettres modernes en 1973. Puis divers métiers (professeur, ouvrier, pompiste...). Actuellement, fonctionnaire à la Direction Des Affaires Sanitaires et Sociales de Lyon. A publié : *Spectre* (éd. Chambelland, 1975).

1. « *Lutter contre la vie quotidienne qui mange le temps de l'écriture, forer, forcer pour retrouver cet espace et ce temps. Détruire les images illusoires, idylliques. Parvenir à une belle écriture du cri.* »

2. « *Artaud, Ponge, Gérard Macé... mais la poésie est d'une intensité aussi rare dans* Au-dessous du volcan *de Malcolm Lowry ou dans un film de Werner Herzog.* »

POBEL Didier. Né en 1952. Mémoire de Maîtrise consacré à J.-M.-G. Le Clézio. Collabore régulièrement aux *Nouvelles Littéraires.* A publié : *Au sang des mots* (éd. Saint-Germain-des-Prés, coll. « Initiales », 1974) ; *L'éternité ne dure que cinq minutes tous les jours* (Fagne, 1977) ; *Le Chemin frayé* (Louis Dubost, coll. « Le Dé bleu », 1978). Divers textes dans de nombreuses revues.

1. « *Mes obsessions : la tolérance, le temps, les mots, la mort ; donc le respect de l'autre, l'attente en soi, le cri ailleurs, le corps dans le corps.* »

2.

a) « *sans réfléchir : Villon, Maurice Scève, Nerval, Mallarmé, Rimbaud...* »

b) en réfléchissant un peu et en regardant dans le domaine contemporain (dans le désordre et avec beaucoup d'oublis) : Jean Pérol, Jean-Loup Trassard, J.M.G. Le Clézio, Jacques Izoard, G.L. Godeau, Michel Deguy, Yves Martin... »

PODOLSKI Sophie. Née en 1956. Mort volontaire en 1973. Un livre : *Le pays où tout est permis* (Belfond, 1973) sorte de journal intime, constitué de notes et de dessins.

PUDLOWSKI Gilles. Né le 15 novembre 1950 à Metz. Journaliste aux *Nouvelles Littéraires.* A publié : *Par une nuit nouvelle* (Chambelland, éd. du Marais, 1974) ; *Litanie du Blues* (éd. Saint-Germain-des-Prés, 1975). Critique : *Un lyrisme ordinaire*, choix de neuf poètes (*Poésie n° 1, n° 47-48-49) ; l'Année Poétique 1977* (éd. Seghers).

1. « *Vivre, simplement vivre.* »

2. « *Apollinaire, Cendrars, Morand, Eluard, René Char, Guillevic, et, bien sûr, Yves Martin, Jacques Réda, Franck Venaille, et aussi : Jacques Izoard, Alain Rais, Bernard Vargaftig, Guy Chambelland, Jean Joubert, Jean-Pierre Otte, Jean Breton, Philippe Jaccottet, et beaucoup d'autres et mon copain Patrice Delbourg... et puis j'aime Jean Rousselot, William Cliff, André Laude, ceux dont je connais les poèmes par cœur et qui me reviendront tout à l'heure.* »

RAMBOUR Jean-Louis. Né le 8 décembre 1952. Enseigne le français. A publié : *Mur* (éd. de la Grisière, 1971) ; *Récits* (éd. Saint-Germain-des-Prés, 1976). Fait partie des *Poètes du Nord* in la revue *Poésie 1*, n° 30.

1. « *Publier. Ne pas toujours traîner des manuscrits inédits comme des boulets. Arriver à publier en temps de façon à pouvoir plus commodément repartir sur des bases nouvelles, cesser de remanier ce qui, à cause de la non-publication, ne me paraît jamais définitif. J'ajoute : je suis obsédé par le temps et par la politique.* »

2. « *Les poètes que j'apprécie : Aragon et Breton, mais ce sont des mythes. Reverdy, dont le modernisme n'est pas encore totalement dépassé. Follain et Armand Robin pour le plaisir de lire. Pierre Garnier, pour sa gentillesse et sa passion. Martial Lengellé, un ami, parfait écrivain qui n'a pu encore publier. Et puis Jouve et tant d'autres que je ne peux classer.* »

RUFFIN Florence. Née le 30 janvier 1959. A publié ses premiers poèmes à quinze ans. Beaucoup de médailles et de prix ont couronné ses poèmes. Derniers ouvrages publiés : *Le Chapeau sur la chaise* (L'Amitié par le Livre, 1974) ; *Les Oiseaux noirs* (éd. Saint-Germain-des-Prés, 1976).

1. *Est attirée par les symboles, la mythologie dans l'écriture ; la contraction de l'écriture vers l'image.*

2. *Nerval, Artaud, Leiris, Michaux.*

SCHLURICK Bernard. Né le 20 juillet 1951 à Genève. Edite une revue littéraire *Cavaliers seuls*, est peintre et photographe aussi. A publié : *Le Sein des saints* (éd. Saint-Germain-des-Prés, 1976). Divers textes ont été publiés en revue.

2. « *Je commencerai par la deuxième question, pour lui donner deux réponses. Il y a en effet les poètes qui ont fait ma joie*

(Baudelaire, Rimbaud, Corbière, Mallarmé, Breton, Char et Michaux) et les poètes qui font plus particulièrement ma joie aujourd'hui (sans que cela implique un quelconque reniement des précédents) : Daumal, Artaud, Bataille, Duprey et Deguy. »

1. « *Deux choses, également, quoique différemment, m'obsèdent. 1. Une écriture qui soit au-delà du partage poésie/prose. 2. Les jambes fines, gainées de bas de soie noire, et chaussées de talons aiguilles.* »

SIMÉON Jean-Pierre. Né le 6 mai 1950 à Paris. Enseignant. A entrepris et publié des travaux de recherches universitaires. A publié en poésie : *L'épaule de perdrix a pris feu dans mes mains* (éd. Saint-Germain-des-Prés, 1972) ; *Le Sergent des cœurs* (idem, 1976) ; *Traquer la louve*, préface d'Angèle Vannier, prix Théophile-Briant, 1978 (éd. Chambelland, 1978) ; A paraître : *Hypnose du silence* ; quelques nouvelles retenues pour la revue *Fiction*. A participé aussi à la création d'une pièce de théâtre.

1. « *Mes obsessions sont celles que révèlent les titres de mes deux derniers livres* Traquer la louve *et* Hypnose du silence. *Je ne crois pas ma démarche originale : je veux pénétrer l'âme, le cœur et le corps, reconnaître les lieux, les limites et l'ouverture. Je vois l'homme confronté à la Paroi (ainsi dit Guillevic) et tenté de faire l'autruche, fasciné par l'immobilité et le silence de l'âme et du corps, parce qu'il croit alors l'angoisse paralysée. C'est une erreur. Moins original encore, je crois que l'amour est la seule vraie solution.* »

2. « *A peu de choses près, tout poète m'apporte une joie. Mais je suis particulièrement débiteur des surréalistes, de Baudelaire, Villon, Marie de France, Apollinaire, Bonnefoy, Cadou, Char, Saint-John Perse, Leiris, Malrieu, Michaux, Eluard, Aragon, Reverdy, Vasko Popa, Maïakovski, Nazim Hikmet, Vladimir Holan, etc. (le tout sans ordre de préséance).* »

TIBOUCHI Hamid. Né en 1951 à Tibane (Algérie). Enseigne l'anglais. A publié : *Mer ouverte* (éd. Caractères, 1973) ; *Soleil d'herbe* (éd. Chambelland, 1974) ; *Il manque l'amour* (éd. de l'Orycte, 1977) ; *Le jeune voyageur et le fantôme vieux-jeu* (auto-éditions, 1978) ; *D'ailleurs, ça ne peut plus durer* (éd. de l'Orycte, 1978). Nombreux poèmes dans divers journaux et revues en Algérie.

1 et 2. « *Je n'écris pas. J'éjacule, acculé, ma faim d'amour, l'absurde éhonté, le malheur marteau... Et puis, à défaut de langue, au lieu de parler, on aboie. Je n'écris pas, j'aboie. Mais je ne prétends mordre personne, excepté les masochistes.*

En poésie, mon choix se porte d'abord vers les écorchés vifs, ceux en direct de la vie quotidienne, ceux du cri plutôt que du chant. Parmi la confraternité, je cite, au hasard : Michaux, Khaïr-Eddine, Chambelland, Biga, Venaille, Tilman, Breton (Jean), les enfants, Sénac et tous les voyous de la Révolution. »

VAN DER VREKEN Pascal. Né le 27 juin 1959. A paraître en 1980 : *Je n'aime pas sourire... Mais si* aux éditions Saint-Germain-des-Prés.

1. « *Mes obsessions se limitent au désir de réconciliation entre ce que l'on est et ce que l'on aurait voulu être, à la recherche d'un langage propre à traduire la souffrance de la chair, la sclérose, l'étouffement, le silence. Pourtant ce silence, on ne le peint qu'avec des mots ou des espaces blancs entre les mots. Alors ? On ne veut parler que de soi, mais pourtant on parle des autres, par le seul fait de se raconter, de dire je, mais on reste toujours seul. Pourquoi ?* »

2. « *Je vous dirai très sincèrement que peu de poètes m'intéressent, si ce n'est Robert Goffin, Ferré, Esposito, Michèle Levy et certains pratiquement inconnus, les autres me laissant froid dans leurs distances car en eux je ne trouve rien qui puisse me ressembler, me raconter ou me réinventer et que leur écriture semble n'être qu'une éventualité et non un état acquis, indépendant.* »

VINCENSINI Jean-Louis. Né le 12 juillet 1952. Psychologue dans un centre hospitalier. A publié : *L'Inutile Fenêtre* (Chambelland éd., 1969) et *Moulin à seigle* (Coll. « Initiales », Saint-Germain-des-Prés, 1974).

2. « *En vrac et sur le coup : Alain Borne, Adrian Miatlev, Daniel Biga, Max Alhau, etc.* »

LISTE DES POÈTES

Jacques-Pierre AMÉE — Ghislaine AMON — Didier ARNAUDET — Abderrhaman BENHAMZA — Anne BERGER — Alban BREAVMAN — Martine CALLU — Patricia CASTEX-MENIER — Dominique CERBELAUD — Philippe CHABIRON — Josselyne CHOURRY — DAMIAN — Francis DANNEMARK — Jean-Marc DEBENEDETTI — Patrice DELBOURG — François B. DESTREM — Christophe DONOVAN — Anne-Marie DUC — Jean-Claude FUREAU — Jean-Louis GIOVANNONI — Djamal-Eddine IMAZITEN — Colette KLEIN — Christian-Yves LHOSTIS — Juan-Luis MARTINEZ — Jean-Michel MAULPOIX — Matthieu MESSAGIER — Chantal MIGNOT — Michel MONATE — Jacques MOREL — Robin MORLOT — Gérard NOIRET — Jean-Jacques NUEL — Didier POBEL — Sophie PODOLSKI — Gilles PUDLOWSKI — Jean-Louis RAMBOUR — Florence RUFFIN — Bernard SCHLURICK — Jean-Pierre SIMÉON — Hamid TIBOUCHI — Pascal VAN DER VREKEN — Jean-Louis VINCENSINI.

CRÉDITS BIBLIOGRAPHIQUES

Nous remercions tous les auteurs et leurs représentants pour les autorisations de reproduction qu'ils nous ont accordées. Nous tenons à remercier particulièrement les éditeurs suivants :

les éditions DUBOST, pour les poèmes : « Le jour n'a pas d'autre mémoire », « Même pas nous », « Même si notre regard », « Chambre », « Ne te retourne pas » de Didier POBEL (*Le Chemin frayé*) ;

les éditions BELFOND, pour les extraits « J'attends d'être délivrée », « Mon liquide vert », « L'approvisionnement des marchés », « Les maisons sont tellement hautes », « J'avais dit à Cherarg », « Seulement sur la terre », « Donc la légalisation » de Sophie PODOLSKI (*Le pays où tout est permis*) ;

les éditions PAUVERT, pour les poèmes : « Orgeat », « Ergot », « Orgeat », « Orgeat hurle » « Le geste », « S'attachait », « Orgeat détroit », « Crucifié », « Ventre bleu » de Matthieu MESSAGIER (*Nord d'été naître opaque*) ;

les éditions du C.C. de DIFFERDANGE, pour les poèmes : « Fêlé le courant », « Aube », « Nous désertons », « Le regard traversé » d'Anne BERGER (*Mon corps à deux*) ;

les éditions SEGHERS, pour les poèmes : « Water shoulders », « Feuilles de traverse », « Un piano lent », « Ai tant voulu », « Quartz », « Répit » de Francis DANNEMARK (*Heures locales*) ;

les éditions LES LETTRES NOUVELLES/MAURICE NADEAU, pour les poèmes : « J'ai ignoré longtemps », « J'ai d'abord fermé », « J'ai rêvé », « Femme rencontrée », « J'ai parfois rêvé de frôler », « Ecrasé de sommeil » de Jean-Michel MAULPOIX (*Locturnes*) ;

les éditions CHAMBELLAND, pour les poèmes « Séduire », « Je te parle », « C'est un spectacle divin », « Sur les murs », « L'écriture », « Nuit blanche », « Nous gisons » de Jean-Jacques NUEL (*Spectre*) ; les poèmes « Ciel rubicond », « Sommeils », « Vingt notes pour un soleil d'herbe » (extraits), « J'ai beau rire », « It's a bird », « Assez duré », « Assez cru » de Hamid TIBOUCHI (*Soleil d'herbe*) ;

les éditions MILLAS-MARTIN, pour le poème « La courbe et l'aigu » de Didier ARNAUDET (*Till, l'espiègle éclaté*) ; « Carapaçonné », « Rien », « Le pis aller », « Pourquoi faut-il » de Martine CALLU (*Notre regard tresse son filet angulaire*) ; « Filets de l'art », « L'asthme », « Le porridge », « Aujourd'hui » de Christophe DONOVAN (*La guerre d'exister*) ; « Tabagie », « Egotisme », « Copulation », « Sédation », de Marie-Anne DUC (*Autopsies vives*) ; « Les farces surgissent », « Je fredonne assis », « Se prendre », « Je renifle », « Dans le cadran », « Dos à la nuit », « Vaudeville » de Jean-Claude FUREAU (*Opus pour un 8e spasmodique*) ; « Chaque arbre », « Je pressens », « Reclus et les corbeaux », « L'absence », « Les volets » de Colette KLEIN (*Cécités*) ;

les éditions de l'ATHANOR, pour les poèmes « Seule avec les objets », « A douze ans », « Les graviers de la cour », « Dehors le bruit » de Ghislaine AMON (*Le Petit Vélo beige*) ; les poèmes « Rupture », « Préhistoire », « Trois prières II » (in *Les carnets du veilleur*) et « Ton mystère », « Peut-être », « Au vrai », « Viens donc », « Surgis », « Il est venu » de Dominique CERBELAUD (*Dieu est lumière*) ; les poèmes « Et fumée », « A trop corps lutter », « Tous les jours », « Le score » de Patrice DELBOURG (*Toboggans*) ; les poèmes « On me caresse » ; « On attend », « Avec les organes », « On veut savoir », « Ceux qui ne supportent pas », « Dans le fond », « On meurt », « On perd souvent », « On a envie de vomir », « L'haleine dure », « Celui qui meurt », « Tout », « Le corps », « On le lave » de Jean-Louis GIOVANNONI (*Garder le mort*) ;

les éditions SAINT-GERMAIN-DES-PRÉS, pour les poèmes « Tai tanh », « Sancho pense à sa mort », « Pour en finir », « Cartouche » de Jacques-Pierre AMÉE (*Hébuternes*) ; les poèmes « La main de chair », « Il y a des rues », « Les gares les ports », « Par des routes », « Comme des saules », de Abderrahman BENHAMZA (*Lumières fragiles*) ; les poèmes « Névrose des jours », « La terre endormie », « Le cri vertical » de Josselyne CHOURRY (*Les Révoltés du petit jour*) ; les poèmes « On torture des fous », « Que personne ne vienne », « Tu es sorti de moi », « Les eaux m'ont expié » de DAMIAN (*L'Enfant-drogue*) ; les poèmes « Pourvu qu'on se souvienne », « Les rues désertes », « La nuit se tisse », « Seule des mémoires » de Jean-Marc DEBENEDETTI (*Rictuels*) ; les poèmes « Des rayons », « Fuite nuit », « Dans une ville », « Puisque l'eau », « Elle avait » de François DESTREM (*Solemnis*) ; les poèmes « Vierge du soleil », « Léthargie », « Les séquelles », de Djamal-Eddine IMAZITEN (*Retrouvailles du monde*) ; le poème « Au gibet les fêtes » de Juan-Luis MARTINEZ (*Le Silence et sa brisure*) ; les poèmes « Sur le chemin », « Poils », « Il prenait » de Michel MONATE (*Jamais tranquille*) ; les poèmes « Etre le poète », « Tu te lèveras », « Appel obscur », « Je te saisis », « J'ai donné », « Hochgallzein », « Fuis le gel » de Gilles PUDLOWSKI (*Litanie du blues*) ; les poèmes « Une bougie », « Pourquoi », « Toutes deux », « La femme », « Sous la chaleur », « Ils ont », « Les I » de Jean-Louis RAMBOUR (*Récits*) ; les poèmes « Le rêve V », « L'angoisse IX », « L'angoisse VII », « L'angoisse I » de Florence RUFFIN (*Les Oiseaux noirs*) ; le poème « Hymne au corps » de Bernard SCHLURICK (*Le Sein des saints*) ; les poèmes « Comprendras-tu », « Ton souffle », « Café du retour » de Jean-Louis VINCENSINI (*Moulin à seigle*).

La fabrication de cet ouvrage
a été réalisée
par l'Imprimerie Chirat, 42540 Saint-Just-la-Pendue

Achevé d'imprimer en avril 1980
N° d'impression 3578
Dépôt légal 2e trimestre 1980

IMPRIMÉ EN FRANCE